CÓDIGO DE TRÂNSITO BRASILEIRO

Matheus Kuhn Gonçalves

Prefácio
Aluildo de Oliveira Leite

CÓDIGO DE TRÂNSITO BRASILEIRO

Belo Horizonte

FÓRUM
CONHECIMENTO JURÍDICO

2019

© 2019 Editora Fórum Ltda.

É proibida a reprodução total ou parcial desta obra, por qualquer meio eletrônico, inclusive por processos xerográficos, sem autorização expressa do Editor.

Conselho Editorial

Adilson Abreu Dallari
Alécia Paolucci Nogueira Bicalho
Alexandre Coutinho Pagliarini
André Ramos Tavares
Carlos Ayres Britto
Carlos Mário da Silva Velloso
Cármen Lúcia Antunes Rocha
Cesar Augusto Guimarães Pereira
Clovis Beznos
Cristiana Fortini
Dinorá Adelaide Musetti Grotti
Diogo de Figueiredo Moreira Neto (in memoriam)
Egon Bockmann Moreira
Emerson Gabardo
Fabrício Motta
Fernando Rossi
Flávio Henrique Unes Pereira

Floriano de Azevedo Marques Neto
Gustavo Justino de Oliveira
Inês Virgínia Prado Soares
Jorge Ulisses Jacoby Fernandes
Juarez Freitas
Luciano Ferraz
Lúcio Delfino
Marcia Carla Pereira Ribeiro
Márcio Cammarosano
Marcos Ehrhardt Jr.
Maria Sylvia Zanella Di Pietro
Ney José de Freitas
Oswaldo Othon de Pontes Saraiva Filho
Paulo Modesto
Romeu Felipe Bacellar Filho
Sérgio Guerra
Walber de Moura Agra

FÓRUM
CONHECIMENTO JURÍDICO

Luís Cláudio Rodrigues Ferreira
Presidente e Editor

Coordenação editorial: Leonardo Eustáquio Siqueira Araújo
Aline Sobreira de Oliveira

Av. Afonso Pena, 2770 – 15º andar – Savassi – CEP 30130-012
Belo Horizonte – Minas Gerais – Tel.: (31) 2121.4900 / 2121.4949
www.editoraforum.com.br – editoraforum@editoraforum.com.br

Técnica. Empenho. Zelo. Esses foram alguns dos cuidados aplicados na edição desta obra. No entanto, podem ocorrer erros de impressão, digitação ou mesmo restar alguma dúvida conceitual. Caso se constate algo assim, solicitamos a gentileza de nos comunicar através do e-mail editorial@editoraforum.com.br para que possamos esclarecer, no que couber. A sua contribuição é muito importante para mantermos a excelência editorial. A Editora Fórum agradece a sua contribuição.

Dados Internacionais de Catalogação na Publicação (CIP) de acordo com a AACR2

G635C	Gonçalves, Matheus Kuhn
	Código de Trânsito Brasileiro / Matheus Kuhn Gonçalves. – Belo Horizonte: Fórum, 2019.
	155p.; 14,5cm x 21,5cm
	ISBN: 978-85-450-0692-3
	1. Direito Penal. 2. Processual Penal. 3. Legislação Penal Especial. I. Título.
	CDD: 341.5
	CDU: 343

Elaborado por Daniela Lopes Duarte – CRB-6/3500

Informação bibliográfica deste livro, conforme a NBR 6023:2018 da Associação Brasileira de Normas Técnicas (ABNT):

GONÇALVES, Matheus Kuhn. *Código de Trânsito Brasileiro*. Belo Horizonte: Fórum, 2019. 155p.
ISBN 978-85-450-0692-3.

A Deus, toda honra e toda glória.

Aos meus pais, Claudir e Ivani, pelo amor e carinho, pela dedicação e amizade incondicional, e por sempre apoiarem meus projetos pessoais, acadêmicos e profissionais.

SUMÁRIO

PREFÁCIO
Aluildo de Oliveira Leite.. 13

CAPÍTULO 1
INTRODUÇÃO 15
1.1   Bem Jurídico Tutelado... 15
1.2   Alcance do Código de Trânsito e Conceito de Via Pública 15
1.3   Conceito de Veículo Automotor..................................... 17
1.4   Crimes de Trânsito, Crimes em Trânsito e Crimes no Trânsito.. 18
1.5   Crimes de Perigo (Concreto e Abstrato) e Crimes de Dano. Constitucionalidade dos Crimes de Perigo Abstrato 18

CAPÍTULO 2
PROCEDIMENTO CRIMINAL 21
2.1   Aplicação Subsidiária do Código Penal e do Código de Processo Penal 22
2.2   Lesão Culposa e Aplicação dos Institutos Despenalizadores 22
2.3   Constitucionalidade do Artigo 291 do Código de Trânsito........ 24
2.4   Suspensão Condicional do Processo............................... 26
2.5   Dosimetria da Pena.. 26

CAPÍTULO 3
SUSPENSÃO OU PROIBIÇÃO DE SE OBTER A PERMISSÃO OU HABILITAÇÃO PARA DIRIGIR VEÍCULO AUTOMOTOR... 29
3.1   Conceito 29
3.2   Prazo 30
3.3   Suspensão ou Proibição de se Obter a Permissão ou a Habilitação (art. 292 do CTB) e Interdição Temporária de Direitos (art. 47, III, do Código Penal) 30
3.4   Substituição da Suspensão ou da Proibição de se Obter a Permissão ou a Habilitação por Outra Pena Restritiva de Direitos 33
3.5   Manejo do *Habeas Corpus* 35

CAPÍTULO 4
MEDIDA CAUTELAR DE SUSPENSÃO DA PERMISSÃO OU DA HABILITAÇÃO OU PROIBIÇÃO DE SUA OBTENÇÃO 37

4.1 Natureza Jurídica, Finalidade e Requisitos para Decretação 37
4.2 Legitimados, Momento da Decretação e Fundamentação 38
4.3 Recurso Cabível 40

CAPÍTULO 5
COMUNICAÇÃO DA SUSPENSÃO OU DA PROIBIÇÃO ÀS AUTORIDADES ADMINISTRATIVAS 41

CAPÍTULO 6
OBRIGATORIEDADE DE APLICAÇÃO DA SUSPENSÃO DO DIREITO DE DIRIGIR 43

CAPÍTULO 7
MULTA REPARATÓRIA 45

CAPÍTULO 8
AGRAVANTES 51

8.1 Dano Potencial para Duas ou Mais Pessoas ou com Grande Risco de Grave Dano Patrimonial a Terceiros 52
8.2 Utilizando o Veículo sem Placas, com Placas Falsas ou Adulteradas 54
8.3 Sem Possuir Permissão para Dirigir ou Carteira de Habilitação ... 55
8.4 Com Permissão para Dirigir ou Carteira de Habilitação de Categoria Diferente da do Veículo 56
8.5 Quando a sua Profissão ou Atividade Exigir Cuidados Especiais com o Transporte de Passageiros ou de Carga 56
8.6 Utilizando Veículo em que Tenham Sido Adulterados Equipamentos ou Características que Afetem a sua Segurança ou o seu Funcionamento de Acordo com os Limites de Velocidade Prescritos nas Especificações do Fabricante 57
8.7 Sobre Faixa de Trânsito Temporária ou Permanentemente Destinada a Pedestres 57

CAPÍTULO 9
PERDÃO JUDICIAL 59

CAPÍTULO 10
PRISÃO EM FLAGRANTE 65

CAPÍTULO 11
HOMICÍDIO CULPOSO NA DIREÇÃO DE VEÍCULO
AUTOMOTOR 67
11.1 Críticas ao Tipo Penal 68
11.2 Constitucionalidade da Norma 68
11.3 Tipo Objetivo e Elemento Subjetivo 69
11.4 Princípio da Confiança 73
11.5 Dolo Eventual e Culpa Consciente 74
11.6 Concurso de Pessoas e Crime de Mão Própria 80
11.7 Causas de Aumento de Pena 82
11.7.1 Não possuir Permissão para Dirigir ou Carteira de Habilitação 83
11.7.2 Praticar em Faixa de Pedestres ou na Calçada 84
11.7.3 Deixar de Prestar Socorro, quando Possível Fazê-lo sem Risco Pessoal, à Vítima do Acidente 84
11.7.4 No Exercício de sua Profissão ou Atividade, Estiver Conduzindo Veículo de Transporte de Passageiros 86
11.8 Pena e Natureza da Ação Penal 87
11.9 Revogação do Artigo 302, §2º, do Código de Trânsito 87
11.10 Homicídio Culposo Qualificado pela Embriaguez 89

CAPÍTULO 12
LESÃO CORPORAL CULPOSA NA DIREÇÃO DE VEÍCULO
AUTOMOTOR 93
12.1 Princípio da Insignificância e Lesões Corporais Culposas na Direção de Veículo Automotor 94
12.2 Lesão Corporal Culposa Qualificada pela Embriaguez 95

CAPÍTULO 13
OMISSÃO DE SOCORRO 97
13.1 Bem Jurídico Tutelado 97
13.2 Sujeitos do crime 97
13.3 Tipo Objetivo 98
13.4 Crime Subsidiário 99
13.5 Consumação e Tentativa 100
13.6 Ação Penal 100
13.7 Omissão Suprida por Terceiros, Vítima com Morte Instantânea e Vítima com Ferimentos Leves 100

CAPÍTULO 14
FUGA DO LOCAL DO ACIDENTE 103
- 14.1 Constitucionalidade 103
- 14.2 Bem Jurídico Tutelado 105
- 14.3 Sujeitos do Crime 105
- 14.4 Análise do Núcleo do Tipo e Elemento Subjetivo 105
- 14.5 Consumação e Tentativa 106
- 14.6 Ação Penal 106

CAPÍTULO 15
EMBRIAGUEZ AO VOLANTE 107
- 15.1 Evolução Legislativa 107
- 15.2 Análise do Tipo 112
- 15.3 Constatação da Embriaguez e Meios de Prova 113
- 15.4 Consumação e Tentativa 115
- 15.5 Elemento Subjetivo 117
- 15.6 Infração Administrativa 117
- 15.7 Concurso de Crimes 121
- 15.8 Ação Penal 123
- 15.9 Aferição da Embriaguez por Aparelho Homologado pelo Inmetro 123

CAPÍTULO 16
VIOLAÇÃO DE SUSPENSÃO OU PROIBIÇÃO 125
- 16.1 Sujeitos do Crime 125
- 16.2 Bem Jurídico Tutelado 125
- 16.3 Tipo Objetivo e Elemento Subjetivo 125
- 16.4 Conduta Equiparada (art. 307, parágrafo único) 127
- 16.5 Consumação e Tentativa 127
- 16.6 Ação Penal e Benefícios da Lei nº 9.099/95 127

CAPÍTULO 17
PARTICIPAÇÃO EM CORRIDA NÃO AUTORIZADA (CRIME DE "RACHA") 129
- 17.1 Bem Jurídico Tutelado 129
- 17.2 Sujeitos do Crime 129
- 17.3 Análise do Tipo 130
- 17.4 Consumação e Tentativa 131
- 17.5 Elemento Subjetivo 132
- 17.6 Infração Administrativa 132

17.7	Qualificadoras	132
17.8	Ação Penal e Benefícios da Lei nº 9.099/95	134

CAPÍTULO 18
DIRIGIR VEÍCULO AUTOMOTOR SEM PERMISSÃO OU HABILITAÇÃO 135

18.1	Sujeitos do Crime	135
18.2	Bem Jurídico Tutelado	135
18.3	Análise do Tipo	136
18.4	Derrogação do art. 32 da Lei de Contravenções Penais	138
18.5	Elemento Subjetivo	139
18.6	Consumação e Tentativa	139
18.7	Ação Penal e Benefícios da Lei nº 9.099/95	139

CAPÍTULO 19
ENTREGA DE VEÍCULO A PESSOA NÃO HABILITADA 141

19.1	Sujeitos do Crime	141
19.2	Bem Jurídico Tutelado	141
19.3	Análise do Tipo	141
19.4	Elemento Subjetivo	142
19.5	Momento Consumativo	142
19.6	Ação Penal e Benefícios da Lei nº 9.099/95	143

CAPÍTULO 20
EXCESSO DE VELOCIDADE 145

20.1	Sujeitos do Crime	145
20.2	Bem Jurídico Tutelado	145
20.3	Análise do Tipo	145
20.4	Elemento Subjetivo	147
20.5	Consumação e Tentativa	147
20.6	Concurso de Crimes	147
20.7	Ação Penal e Benefícios da Lei nº 9.099/95	147

CAPÍTULO 21
FRAUDE EM PROCEDIMENTO APURATÓRIO 149

21.1	Sujeitos do Crime	149
21.2	Bem Jurídico Tutelado	149
21.3	Análise do Tipo	149
21.4	Elemento Subjetivo	150
21.5	Consumação e Tentativa	150

21.6   Ação Penal e Benefícios da Lei nº 9.099/95..................................... 151

CAPÍTULO 22
PENAS SUBSTITUTIVAS.. 153

PREFÁCIO

O presente livro, mais um trabalho do jovem e brilhante Promotor de Justiça do Estado de Rondônia Matheus Kuhn, vem contribuir, de forma sólida, com os estudos dos profissionais do direito, do meio acadêmico, e com a preparação de candidatos às carreiras jurídicas, acerca de dúvidas na interpretação da Lei nº 9.503/97 (Código de Trânsito Brasileiro), que tem um papel importante no ordenamento jurídico brasileiro.

Além de comentários do autor à Lei Seca, traz citações da doutrina pátria e jurisprudências atualizadas sobre o tema, principalmente do STF e do STJ.

A disposição organizacional dos artigos e assuntos segue o padrão da referida lei especial, facilitando o manuseio pelos operadores do direito, notadamente, dos candidatos aos principais certames do País, possibilitando uma maior compreensão e memorização do texto.

"O alto índice de mortos e feridos em acidentes em vias públicas em todo o mundo aponta para um quadro complexo da sociedade atual, suscitando questões sobre o papel do Estado e dos cidadãos na segurança do trânsito, e o impacto na economia e na saúde pública".[1]

Desde que foi aprovada e entrou em vigor, a legislação ficou menos tolerante com quem dirige e ingere álcool, impondo mudanças no comportamento dos motoristas e ajudando a reduzir mortes no trânsito, porém, ainda bem distante das metas estabelecidas pela ONU (reduzir pela metade os óbitos em uma década, ou seja, de 2011 a 2020).

"No Brasil, ao final do ano de 2011, 43.256 pessoas perderam a vida nas ruas e nas estradas. Seis anos depois, em 2017, o número de indivíduos que morreram envolvidos em colisões e atropelamentos havia caído para 34.236, uma redução de 20,85%".[2]

Dessa forma, trata-se de trabalho de leitura obrigatória dada a importância do tema, cujo teor destaca-se, desde a sua introdução,

---

[1] Disponível em: http://dapp.fgv.br/maio-amarelo-contextualizando-estatisticas-de-acidentes-de-transito-no-brasil/. Acesso em: 21 jul. 2019.

[2] Disponível em: https://g1.globo.com/especial-publicitario/inovacao-em-movimento/ccr/noticia/2019/05/22/brasil-reduz-mortes-no-transito-mas-nao-deve-bater-meta-da-onu.ghtml. Acesso em: 21 jul. 2019.

passando pelo procedimento criminal, pela prisão em flagrante, pelo homicídio culposo e doloso na condução de veículo e culminando em importante abordagem acerca da culpa consciente e do dolo eventual, do princípio da confiança, da embriaguez ao volante e sua evolução legislativa, dentre outros.

Por isso, boa leitura e sucesso a todos!

Aluildo de Oliveira Leite
Promotor de Justiça. Procurador-Geral de Justiça
Biênio 2019/2021.

CAPÍTULO 1

INTRODUÇÃO

O Código de Trânsito Brasileiro (Lei nº 9.503/97) tem a finalidade de proteger e assegurar a segurança viária. O artigo 1º, §2º, do aludido diploma legal preceitua que "o trânsito, em condições seguras, é um direito de todos e dever dos órgãos e entidades componentes do Sistema Nacional de Trânsito, a estes cabendo, no âmbito das respectivas competências, adotar as medidas destinadas a assegurar esse direito". Além do mais, ao aderir à Convenção de Viena sobre Trânsito Viário, por intermédio do Decreto nº 86.714/81, de 10 de dezembro de 1981, o Brasil se comprometeu, em âmbito internacional, a proteger e assegurar a segurança viária.

O Código de Trânsito Brasileiro (CTB) tem especial importância no cenário jurídico brasileiro, tendo em vista que corriqueiramente os noticiários informam sobre o crescente número de acidentes de trânsito que, infelizmente, vitimam a sociedade. Desse modo, visando a reduzir essa nefasta estatística, surge a Lei nº 9.503/97.

1.1 Bem Jurídico Tutelado

O bem jurídico primário tutelado pelo Código de Trânsito Brasileiro é a segurança viária (a segurança no trânsito). Vale dizer, visa à proteção contra a anormal condução de veículo automotor nas vias públicas, a fim de evitar a causação de perigo. Secundariamente, protege-se a vida e a incolumidade física.

1.2 Alcance do Código de Trânsito e Conceito de Via Pública

O artigo 1º, *caput*, informa que o trânsito de qualquer natureza, nas vias terrestres do território nacional, abertas à circulação, rege-se pelo Código de Trânsito Brasileiro (Lei nº 9.503/97).

Segundo o artigo 1º, §1º, entende-se como "*trânsito* a utilização das vias por pessoas, veículos e animais, isolados ou em grupos, conduzidos ou não, para fins de circulação, parada, estacionamento e operação de carga ou descarga" (grifo nosso).

Ainda no mesmo propósito, o artigo 2º orienta que são consideradas vias terrestres urbanas e rurais as ruas, as avenidas, os logradouros, os caminhos, as passagens, as estradas e as rodovias, que terão seu uso regulamentado pelo órgão ou entidade com circunscrição sobre elas, de acordo com as peculiaridades locais e as circunstâncias especiais.

E arremata esclarecendo que também são consideradas vias terrestres as praias abertas à circulação pública, as vias internas pertencentes aos condomínios constituídos por unidades autônomas e as vias e áreas de estacionamento de estabelecimentos privados de uso coletivo.

A conceituação de via pública é de suma importância para o estudo dos aspectos criminais do CTB, uma vez que a prática dos crimes de trânsito, *em sua maioria*,[1] encontra-se relacionada com a direção de veículo automotor em via pública. Contudo, a legislação de trânsito não trouxe tal conceito, que ficou a cargo da doutrina.

O Anexo I informa o conceito de via como sendo a "superfície por onde transitam veículos, pessoas e animais, compreendendo a pista, a calçada, o acostamento, ilha e canteiro central".

> Sobre via pública, nos dizeres de Gilberto Antônio Farias Dias:
> Essa, infelizmente, o legislador não definiu. Entretanto, de acordo com o Regulamento do (revogado) Código Nacional de Trânsito (RCNT), anexo I, é a "rua, avenida, estrada, logradouro, caminho, ou passagem aberto ao trânsito". É, também, toda via de domínio pública e franqueada ao uso público.[2]

Não havendo previsão legal, muito menos consenso doutrinário, parece-nos que o que deve ser observado para se determinar se se trata de via pública ou não é se esta é ou não aberta à circulação. Sendo aberta para utilização comum, deve ser considerada via pública e, em consequência, devem ser aplicadas as normas do Código de Trânsito.

---

[1] Existem crimes descritos no Código de Trânsito, a exemplo do delito de embriaguez ao volante (art. 306), que não exigem que o condutor esteja em via pública.

[2] *Apud* PINTO, Lúcia Bocardo Batista; PINTO, Ronaldo Batista. *Legislação Penal Especial*. São Paulo: Revista dos Tribunais, 2009.v. 6. p. 1.010. (Coleção Ciências Criminais).

Não havendo possibilidade de circulação pública, não será considerada via pública.

1.3 Conceito de Veículo Automotor

Outro ponto importante para o estudo dos aspectos criminais do CTB é a conceituação de veículo automotor, a fim de se determinar quais veículos podem ser enquadrados nessa classe e, por consequência, ser passíveis de incidência dos reflexos penais do referido diploma legal.

O artigo 4º esclarece que "os conceitos e definições estabelecidos para os efeitos deste Código são os constantes do Anexo I". Por sua vez, o Anexo I estatui que veículo automotor é "todo veículo a motor de propulsão que circule por seus próprios meios, e que serve normalmente para o transporte viário de pessoas e coisas, ou para a tração viária de veículos utilizados para o transporte de pessoas e coisas. O termo compreende os veículos conectados a uma linha elétrica e que não circulam sobre trilhos (ônibus elétrico)".

Ainda no Anexo I, pode-se perceber que o Código de Trânsito também classifica como veículos automotores os caminhões-tratores,[3] as caminhonetes,[4] os tratores,[5] as camionetas[6] e os utilitários.[7]

Já os veículos ciclomotores, de propulsão humana e de tração animal, não se enquadram no conceito acima. Nesse sentido, leciona Fernando Capez:

> Por sua vez, a distinção feita pelo art. 141 evidencia que os ciclomotores não integram a categoria de veículos automotores. O Anexo define ciclomotor como veículo de duas ou três rodas, provido de um motor de combustão interna cuja cilindrada não exceda a 50 centímetros cúbicos e cuja velocidade máxima de fabricação não exceda a 50 quilômetros por hora.

---

[3] "CAMINHÃO-TRATOR – veículo automotor destinado a tracionar ou arrastar outro" (Anexo I – Código de Trânsito Brasileiro).
[4] "CAMINHONETE – veículo destinado ao transporte de carga com peso bruto total de até três mil e quinhentos quilogramas" (Anexo I – Código de Trânsito Brasileiro).
[5] "TRATOR – veículo automotor construído para realizar trabalho agrícola, de construção e pavimentação e tracionar outros veículos e equipamentos" (Anexo I – Código de Trânsito Brasileiro).
[6] "CAMIONETA – veículo misto destinado ao transporte de passageiros e carga no mesmo compartimento" (Anexo I – Código de Trânsito Brasileiro).
[7] "UTILITÁRIO – veículo misto caracterizado pela versatilidade do seu uso, inclusive fora de estrada" (Anexo I – Código de Trânsito Brasileiro).

É claro também que os veículos de propulsão humana (bicicletas, patinetes etc.) e os de tração animal (carroças, charretes) não se amoldam ao conceito.[8]

1.4 Crimes de Trânsito, Crimes em Trânsito e Crimes no Trânsito

Crimes de trânsito ou de circulação são aqueles praticados em via pública na direção de veículo automotor. A esses delitos aplica-se o regramento do Código de Trânsito Brasileiro. Exemplo: art. 306 do CTB (embriaguez na direção).

Crimes no trânsito são aqueles praticados na condução de veículo automotor. No entanto, não encontram previsão no Código de Trânsito Brasileiro. Pode-se mencionar o exemplo do agente que, na condução de veículo automotor, atropela seu desafeto dolosamente. Nessa hipótese, incidirá no artigo 121 do Código Penal, uma vez que o Código de Trânsito não prevê homicídio doloso na direção de veículo automotor (tipifica apenas o culposo). Nesse sentido, Guilherme de Souza Nucci faz uma importante observação:

> (...) Não se admite a nomenclatura de crime de trânsito para o crime de dano, cometido com dolo. Portanto, aquele que utiliza seu veículo para, propositadamente, atropelar e matar seu inimigo comete homicídio – e não simples crime de trânsito. (...)[9]

Por crime em trânsito ou em circulação deve ser entendido o delito que abrange mais de um país, a exemplo da droga que é levada do Brasil para os Estados Unidos, passando pela Colômbia.

1.5 Crimes de Perigo (Concreto e Abstrato) e Crimes de Dano. Constitucionalidade dos Crimes de Perigo Abstrato

Em regra, o Código de Trânsito constitui-se de crimes de perigo abstrato, ou seja, aqueles em que a situação de perigo é presumida pelo

---

[8] CAPEZ, Fernando. *Curso de Direito Penal*. 11. ed. São Paulo: Saraiva, 2016. v. 4 – Legislação pena especial. p. 290.
[9] NUCCI, Guilherme de Souza. *Leis penais e processuais penais comentadas*. 8. ed. rev., atual. e ampl. Rio de Janeiro: Forense, 2014. v. 2. p. 2.522. (*E-book*). Grifo no original.

tipo penal. Diferem-se, portanto, dos crimes de perigo concreto, nos quais se exige a efetiva lesão ao bem jurídico tutelado.[10] Seguindo a regra do Código de Trânsito Brasileiro, o Superior Tribunal de Justiça, por exemplo, editou a Súmula 575:

> Constitui crime a conduta de permitir, confiar ou entregar a direção de veículo automotor a pessoa que não seja habilitada, ou que se encontre em qualquer das situações previstas no art. 310 do CTB, *independentemente da ocorrência de lesão ou de perigo de dano concreto na condução do veículo* (grifo no original).

No entanto, é possível verificar a existência de crimes de perigo concreto na lei de trânsito, a exemplo dos crimes de "Racha" (art. 308), de Dirigir Veículo Automotor sem habilitação (art. 309) e de Excesso de Velocidade em determinados locais (art. 311). Nesses delitos, exige-se a criação de perigo concreto ao bem jurídico.

Em relação aos delitos de homicídio culposo na direção de veículo automotor (art. 302) e lesões corporais culposas (art. 303), deparamo-nos com crimes de dano. Vale dizer: esses tipos penais exigem a efetiva lesão ao bem jurídico tutelado para a configuração do delito.

Portanto, ressalvadas as exceções acima, os delitos de trânsito enquadram-se no rol dos crimes de perigo abstrato, ou seja, o legislador entendeu que as condutas criminosas praticadas no trânsito, na condução de veículo automotor, traduzem-se numa situação ínsita de perigo, sendo desnecessária a efetiva lesão ao bem jurídico tutelado.

Interessante ressaltar que há discussão doutrinária sobre a constitucionalidade do etiquetamento de determinado crime como de perigo abstrato. Parte da doutrina orienta-se no sentido de que os crimes de perigo abstrato afrontam o princípio da ofensividade, uma vez que a batuta penal somente pode alcançar condutas que causem efetiva (concreta) lesão ou perigo de lesão ao bem jurídico tutelado.[11]

No entanto, acertadamente, os Tribunais Superiores[12] têm admitido a incriminação de condutas de perigo abstrato, ao fundamento de que, baseando-se em dados empíricos, o legislador pode escolher grupos

---

[10] CAPEZ, Fernando. *Curso de Direito Penal*. 11. ed. rev. e atual. São Paulo: Saraiva, 2007. v. 1 – Parte geral (arts. 1º a 120). p. 263.
[11] AZEVEDO, Marcelo André de. *Direito Penal*. Parte Geral. 2. ed. rev., ampl. e atual. Salvador: JusPodivm, 2012. p. 139. (Coleção Sinopses para Concurso).
[12] HC 102.087 MG, que trata sobre a legitimidade da criminalização do porte de arma desmuniciada.

ou classes de ações que costumeiramente trazem consigo o indesejado perigo ao bem jurídico tutelado. Assim, a tipificação de determinado crime como de perigo abstrato, por si só, não traduz comportamento inconstitucional, pois, muitas vezes, é a melhor e mais eficaz solução para proteção aos bens jurídicos supraindividuais ou de caráter coletivo, a exemplo da saúde pública, da paz pública, do trânsito etc. Nesse contexto, dentro de sua ampla margem de conformação, pode o legislador tomar as medidas necessárias para a efetiva proteção do bem jurídico penalmente tutelado, inclusive atuando de forma preventiva, com a tipificação de crimes de perigo abstrato. A atividade legislativa a ser considerada inconstitucional é aquela que se afasta dos lindes da proporcionalidade, o que, certamente, não é o caso dos crimes previstos no Código de Trânsito.

CAPÍTULO 2

PROCEDIMENTO CRIMINAL

CAPÍTULO XIX
DOS CRIMES DE TRÂNSITO
Seção I
Disposições Gerais
Art. 291. Aos crimes cometidos na direção de veículos automotores, previstos neste Código, aplicam-se as normas gerais do Código Penal e do Código de Processo Penal, se este Capítulo não dispuser de modo diverso, bem como a Lei nº 9.099, de 26 de setembro de 1995, no que couber.
§1º Aplica-se aos crimes de trânsito de lesão corporal culposa o disposto nos arts. 74, 76 e 88 da Lei nº 9.099, de 26 de setembro de 1995, exceto se o agente estiver: (Renumerado do parágrafo único pela Lei nº 11.705, de 2008)
I – sob a influência de álcool ou qualquer outra substância psicoativa que determine dependência; (Incluído pela Lei nº 11.705, de 2008)
II – participando, em via pública, de corrida, disputa ou competição automobilística, de exibição ou demonstração de perícia em manobra de veículo automotor, não autorizada pela autoridade competente; (Incluído pela Lei nº 11.705, de 2008)
III – transitando em velocidade superior à máxima permitida para a via em 50 km/h (cinqüenta quilômetros por hora). (Incluído pela Lei nº 11.705, de 2008)
§2º Nas hipóteses previstas no §1º deste artigo, deverá ser instaurado inquérito policial para a investigação da infração penal. (Incluído pela Lei nº 11.705, de 2008)
§3º (VETADO).
§4º O juiz fixará a pena-base segundo as diretrizes previstas no art. 59 do Decreto-Lei nº 2.848, de 7 de dezembro de 1940 (Código Penal), dando especial atenção à culpabilidade do agente e às circunstâncias e consequências do crime. (Incluído pela Lei nº 13.546, de 2017)

2.1 Aplicação Subsidiária do Código Penal e do Código de Processo Penal

Parece-nos óbvio, em razão da existência do artigo 12 do Código Penal. Entretanto, o legislador houve por bem prever no *caput* do artigo 291 do Código de Trânsito a aplicação subsidiária do Código Penal e do Código de Processo Penal quando o Código de Trânsito não dispuser de modo diverso. Em outras palavras, não existindo norma específica no Código de Trânsito (princípio da especialidade), o intérprete deve se valer das regras gerais previstas no Código Penal e no Código de Processo Penal.

2.2 Lesão Culposa e Aplicação dos Institutos Despenalizadores

Em regra, o delito de lesão corporal culposa na direção de veículo automotor é crime de menor potencial ofensivo, uma vez que possui pena de detenção, de 6 (seis)meses a 2(dois) anos. Portanto, enquadra-se no conceito de infração de menor potencial ofensivo, previsto no artigo 61 da Lei nº 9.099/95.[13]

Dispõe o artigo 292, §1º, que, em regra, serão aplicados os institutos despenalizadores da composição civil do dano (artigo 74 da Lei nº 9.099/95) e da transação penal (artigo 76 da Lei nº 9.099/95) ao referido crime. Além disso, o aludido dispositivo estabelece que o delito de lesão corporal culposa na direção de veículo automotor é crime de ação penal pública condicionada à representação, tendo em vista que o artigo 88 da Lei nº 9.099/95[14] traz essa condição especial de procedibilidade.

Contudo, o mesmo §1º que outorga esses benefícios excepciona a regra acima explicitada. Vale dizer, quando o agente praticar lesão corporal culposa na direção de veículo automotor em alguma das hipóteses abaixo, não há possibilidade de aplicação dos institutos despenalizadores, bem como a ação penal passa a ser pública incondicionada:

---

[13] "Art. 61. Consideram-se infrações penais de menor potencial ofensivo, para os efeitos desta Lei, as contravenções penais e os crimes a que a lei comine pena máxima não superior a 2 (dois) anos, cumulada ou não com multa. (Redação dada pela Lei nº 11.313, de 2006)".

[14] "Art. 88. Além das hipóteses do Código Penal e da legislação especial, *dependerá de representação* a ação penal relativa aos crimes de lesões corporais leves e lesões culposas" (Grifo nosso).

a) praticar lesão corporal culposa na direção de veículo estando sob a influência de álcool ou qualquer outra substância psicoativa que determine dependência;

b) praticar lesão corporal culposa na direção de veículo participando de "racha", em via pública;

c) praticar lesão corporal culposa na direção de veículo transitando em velocidade superior à máxima permitida para a via em 50 km/h (cinquenta quilômetros por hora).

Nesse sentido, já decidiu o Superior Tribunal de Justiça:

RECURSO ORDINÁRIO EM HABEAS CORPUS. LESÃO CORPORAL CULPOSA NA DIREÇÃO DE VEÍCULO AUTOMOTOR, SOB A INFLUÊNCIA DE ÁLCOOL. REPRESENTAÇÃO. DESNECESSIDADE. AÇÃO PENAL PÚBLICA INCONDICIONADA. ART. 291, §1º, INC. I, DO CÓDIGO DE TRÂNSITO BRASILEIRO. *1. Em regra, o delito de lesão corporal culposa na direção de veículo automotor é considerado de menor potencial ofensivo, conforme dispõe o art. 291, §1º, do Código de Trânsito Brasileiro. 2. No entanto, a aplicação da regra prevista no art. 88 da Lei nº 9.099/95 – necessidade de representação da vítima nos casos de lesões corporais leves e lesões culposas – é excepcionada quando ocorrerem as hipóteses elencadas nos incisos do §1º do art. 291 do Código de Trânsito Brasileiro, dentre elas, quando o delito é cometido sob a influência de álcool. 3. "In casu", tendo a denúncia narrado que o recorrente estaria sob a influência de álcool quando da prática do fato delituoso, a ação penal será pública incondicionada, não havendo que se falar em representação da vítima.* INOCÊNCIA QUANTO AO DELITO DE CONSTRANGIMENTO ILEGAL (ART. 146 DO CP). NÃO CONFIGURAÇÃO DE IMPRUDÊNCIA. CULPA EXCLUSIVA DA VÍTIMA. TESES NÃO APRECIADAS PELO TRIBUNAL DE ORIGEM. SUPRESSÃO DE INSTÂNCIA. NÃO CONHECIMENTO. 1. As demais questões arguidas não foram analisadas pelo Tribunal de origem por ocasião do julgamento do prévio "mandamus", o que impede a sua apreciação diretamente por este Superior Tribunal de Justiça, sob pena de se incidir na indevida supressão de instância. 2. Recurso parcialmente conhecido e, na parte remanescente, improvido (STJ – RHC: 33478 MG 2012/0164031-0, Relator: Min. Jorge Mussi, Data de Julgamento: 09.04.2013, T5 – Quinta Turma, Data de Publicação: *DJe* 24.04.2013). (Grifos nossos).

Na mesma tocada, ocorrendo algumas das hipóteses mencionadas no §1º, deve ser instaurado Inquérito Policial para investigação dos fatos, e não mais termo circunstanciado.

2.3 Constitucionalidade do Artigo 291 do Código de Trânsito

Há quem entenda que o artigo 291 do Código de Trânsito, ao prever exceções quanto à aplicação da Lei nº 9.099/95 e afastar a competência dos juizados especiais Criminais, estaria afrontando o dispositivo constitucional encartado no artigo 98, I, da Constituição Federal. Tal posicionamento está baseado na competência constitucional dos juizados especiais para julgar os crimes de menor potencial ofensivo, que não poderia ser suprimida pela legislação ordinária.

Contudo, há corrente, com a qual nos filiamos, defendendo que o artigo 291 é constitucional, haja vista ser possível subtrair, por intermédio de legislação ordinária, determinados crimes da competência dos juizados especiais. Isso porque compete ao legislador ordinário estabelecer quais circunstâncias e condições devem ser averiguadas para considerar determinada infração como de menor potencial ofensivo e, via de consequência, sujeitas aos benefícios da Lei nº 9.099/95. Ademais, a própria Lei nº 9.099/95 subtrai da competência dos juizados especiais os crimes cujas complexidades ou circunstâncias não permitam a formulação de denúncia (art. 77, §2º), bem como nos casos em que o acusado não é encontrado para ser citado pessoalmente (art. 66, parágrafo único).

Nesse sentido, pontuam Lúcia Bocardo Batista Pinto e Ronaldo Batista Pinto, afirmando que:

> (...) A Constituição criou, de forma genérica, juizados especiais para julgamento de causas cíveis e criminais, de menor complexidade e potencial ofensivo. A definição, contudo, do que vem a ser uma infração penal de menor potencial ofensivo, é algo que cabe ao legislador infraconstitucional indicar. E, de fato, o fez. Inicialmente por meio da Lei 9.099/95 e, posteriormente, com a Lei 11.313/06, que ampliou o conceito de infração penal de menor potencial ofensivo.[15]

Inclusive, a possibilidade de exclusão de determinados delitos da incidência da Lei nº 9.099/95 é aceita pelos Tribunais Superiores. Exemplificativamente, o Supremo Tribunal Federal enfrentou o tema no bojo da ADC 19 e da ADIn 4424 em relação aos crimes praticados com

---

[15] PINTO, Lúcia Bocardo Batista; PINTO, Ronaldo Batista. *Legislação Penal Especial*. São Paulo: Revista dos Tribunais, 2009. v. 6. p. 966. (Coleção Ciências Criminais).

violência doméstica e familiar contra a mulher e concluiu que o artigo 41 da Lei Maria da Penha (que afasta a incidência da Lei nº 9.099/95 aos crimes praticados com violência doméstica e familiar contra a mulher, independentemente da pena aplicada) é constitucional. Citamos os precedentes para melhor elucidação do tema:

ADC e Lei Maria da Penha – 1O Plenário julgou procedente ação declaratória, ajuizada pelo Presidente da República, para assentar a constitucionalidade dos artigos 1º, 33 e 41 da Lei 11.340/2006 (Lei Maria da Penha). Inicialmente, demonstrou-se a existência de controvérsia judicial relevante acerca do tema, nos termos do art. 14, III, da Lei 9.868/99, tendo em conta o intenso debate instaurado sobre a constitucionalidade dos preceitos mencionados, mormente no que se refere aos princípios da igualdade e da proporcionalidade, bem como à aplicação dos institutos contidos na Lei 9.099/95. No mérito, rememorou-se posicionamento da Corte que, ao julgar o HC 106212/MS (*DJe* de 13.6.2011), declarara a constitucionalidade do art. 41 da Lei Maria da Penha ("Aos crimes praticados com violência doméstica e familiar contra a mulher, independentemente da pena prevista, não se aplica a Lei nº 9.099, de 26 de setembro de 1995"). Reiterou-se a ideia de que a aludida lei viera à balha para conferir efetividade ao art. 226, §8º, da CF. Consignou-se que o dispositivo legal em comento coadunar-se-ia com o princípio da igualdade e atenderia à ordem jurídico-constitucional, no que concerne ao necessário combate ao desprezo às famílias, considerada a mulher como sua célula básica (ADC 19/DF, Relator: Min. Marco Aurélio, 9.2.2012). (ADC-19). (Grifos nossos).
Lei Maria da Penha e ação penal condicionada à representação – 3Entendeu-se não ser aplicável aos crimes glosados pela lei discutida o que disposto na Lei 9.099/95, de maneira que, em se tratando de lesões corporais, mesmo que de natureza leve ou culposa, praticadas contra a mulher em âmbito doméstico, a ação penal cabível seria pública incondicionada. Acentuou-se, entretanto, permanecer a necessidade de representação para crimes dispostos em leis diversas da 9.099/95, como o de ameaça e os cometidos contra a dignidade sexual. Consignou-se que o Tribunal, ao julgar o HC 106212/MS (*DJe* de 13.6.2011), declarara, em processo subjetivo, a constitucionalidade do art. 41 da Lei 11.340/2006, no que afastaria a aplicação da Lei dos Juizados Especiais relativamente aos crimes cometidos com violência doméstica e familiar contra a mulher, independentemente da pena prevista(ADI 4424/DF, Relator: Min. Marco Aurélio, 9.2.2012). (ADI-4424). (Grifos nossos).

Na mesma tocada, o Superior Tribunal de Justiça possui entendimento sumulado chancelando a não aplicação da Lei nº 9.099/95 aos delitos envolvendo violência doméstica e familiar contra a mulher. Vejamos:

> *Súmula 536 do STJ*: A suspensão condicional do processo e a transação penal não se aplicam na hipótese de delitos sujeitos ao rito da Lei Maria da Penha.
>
> *Súmula 542 do STJ*: A ação penal relativa ao crime de lesão corporal resultante de violência doméstica contra a mulher é pública incondicionada.

Portanto, conforme ensina a regra de hermenêutica, onde há a mesma razão deve ser aplicado o mesmo direito. Assim, entendemos perfeitamente possível a ressalva feita pelo artigo 291 do Código de Trânsito quanto à não incidência da Lei nº 9.099/95 nas hipóteses descritas em seu §1º.

2.4 Suspensão Condicional do Processo

Embora o artigo 291, §1º, somente faça menção aos benefícios da composição civil do dano e da transação penal, é perfeitamente possível a aplicação da suspensão condicional do processo, observados requisitos do artigo 89 da Lei nº 9.099/95.

O artigo 291, *caput*, informa que se aplica a Lei nº 9.099/95, no que couber, aos crimes cometidos na direção de veículos automotores. Da mesma maneira, o artigo 89, *caput*, da Lei nº 9.099/95, permite a aplicação da suspensão condicional do processo aos crimes abrangidos ou não pela Lei dos Juizados Especiais Criminais. Portanto, preenchidos os requisitos, não se vislumbra óbice à concessão dessa benesse.

2.5 Dosimetria da Pena

O artigo 291, §4º, do Código de Trânsito, acrescentado pela Lei nº 13.546/17, estabelece que "o juiz fixará a pena-base segundo as diretrizes previstas no art. 59 do Decreto-Lei nº 2.848, de 7 de dezembro de 1940 (Código Penal), dando especial atenção à culpabilidade do agente e às circunstâncias e consequências do crime".

O artigo 68 do Código Penal adotou o sistema trifásico de fixação da pena (ou Sistema de Nelson Hungria), significando dizer que o magistrado, inicialmente, irá fixar a pena-base (levando-se em conta as circunstâncias judiciais previstas no artigo 59 do Código Penal); após, analisará as circunstâncias agravantes e atenuantes; e, por fim, verificará as causas de aumento ou diminuição de pena.

A fixação da pena no Código de Trânsito segue o mesmo roteiro do Código Penal, no entanto, a culpabilidade, as circunstâncias e as consequências do crime devem preponderar sobre as demais circunstâncias judiciais para fixação da pena-base.

Culpabilidade é o juízo de reprovabilidade que recai sobre a conduta do agente. Vale dizer, determinadas condutas podem ser mais ou menos reprováveis a depender do modo como o agente praticou o delito. É importante recordar que a culpabilidade do art. 59 do Código Penal não se confunde com a culpabilidade como terceiro substrato do crime. Victor Eduardo Rios exemplifica a culpabilidade do art. 59 da seguinte maneira:

> Nos delitos de natureza culposa, por exemplo, merece pena mais elevada quem age com culpa gravíssima em relação àquele cuja conduta culposa é de menor intensidade.[16]

Em relação às circunstâncias do crime, Cézar Roberto Bittencourt ensina que deve ser analisada "a maior ou menor danosidade decorrente da ação delituosa praticada ou o maior ou menor alarma social provocado, isto é, a maior ou menor irradiação de resultados, não necessariamente típicos, do crime".[17]

Quanto às consequências do crime, explica Fernando Capez que:

> As consequências dizem respeito à extensão do dano produzido pelo delito, desde que não constituam circunstâncias legais. Embora todos os crimes praticados com violência causem repulsa, alguns trazem consequências particularmente danosas, como o latrocínio em que a vítima era casada, deixando viúva e nove filhos, dois deles com trauma psíquico irreversível. No caso do chamado crime exaurido, que é aquele onde, mesmo após a consumação, o agente perseverou na sua agressão ao bem jurídico, as consequências do crime atuam decisivamente para o aumento da pena.[18]

---

[16] GONÇALVES, Victor Rios. Curso de direito penal: parte especial (arts. 121 a 183). 1. ed. São Paulo: Saraiva, 2015. p. 292.

[17] BITENCOURT, Cezar Roberto. Tratado de Direito Penal. 23. ed. São Paulo: Saraiva, 2017. v. 1 – Parte geral. p. 792.

[18] CAPEZ, Fernando. Curso de Direito Penal. 21. ed. São Paulo: Saraiva, 2017. v. 1 – Parte geral (arts. 1º a 120). p. 484.

Portanto, para os crimes previstos no Código de Trânsito, deve o magistrado analisar todas as circunstâncias judiciais para fixação da pena-base. Todavia, com entrada em vigor do art. 291, §4º, a culpabilidade, as circunstâncias e as consequências do crime devem preponderar sobre as demais circunstâncias judiciais. Márcio André Lopes Cavalcanti arremata ensinando que:

> Assim, por exemplo, se, durante a dosimetria da pena em condenação por delito de trânsito, o juiz constatar que a culpabilidade, as circunstâncias e as consequências do crime são negativas, a pena deverá ficar próxima ao máximo, mesmo que as demais circunstâncias sejam favoráveis ou neutras.[19]

---

[19] Comentários à Lei nº 13.546/2017, que altera os crimes de trânsito. Disponível em: http://www.dizerodireito.com.br/2017/12/comentarios-lei-135462017-que-altera-os.html. Acesso em: 16 jul. 2019.

CAPÍTULO 3

SUSPENSÃO OU PROIBIÇÃO DE SE OBTER A PERMISSÃO OU HABILITAÇÃO PARA DIRIGIR VEÍCULO AUTOMOTOR

> Art. 292. A suspensão ou a proibição de se obter a permissão ou a habilitação para dirigir veículo automotor pode ser imposta isolada ou cumulativamente com outras penalidades. (Redação dada pela Lei nº 12.971, de 2014) (Vigência)
> Art. 293. A penalidade de suspensão ou de proibição de se obter a permissão ou a habilitação, para dirigir veículo automotor, tem a duração de dois meses a cinco anos.
> §1º Transitada em julgado a sentença condenatória, o réu será intimado a entregar à autoridade judiciária, em quarenta e oito horas, a Permissão para Dirigir ou a Carteira de Habilitação.
> §2º A penalidade de suspensão ou de proibição de se obter a permissão ou a habilitação para dirigir veículo automotor não se inicia enquanto o sentenciado, por efeito de condenação penal, estiver recolhido a estabelecimento prisional.

3.1 Conceito

Inicialmente, é importante diferenciar ambos os institutos trazidos pelo artigo 292 do Código de Trânsito.

A suspensão da permissão ou da habilitação pressupõe a existência desses documentos, ou seja, caso o agente já possua permissão ("CNH provisória") ou habilitação ("CNH definitiva") para dirigir veículo automotor, ao cometer delito de trânsito, terá esse direito suspenso temporariamente.

Já a proibição de se obter a permissão ou habilitação sugere que o infrator ainda não possua qualquer documento que o autorize a dirigir veículo automotor, sendo que, a partir da aplicação da pena, temporariamente, estará impedido de obtê-lo.

O artigo 292 do Código de Trânsito orienta que a suspensão ou a proibição de se obter a permissão ou a habilitação podem ser aplicadas isolada ou cumulativamente com outras penalidades.

3.2 Prazo

A penalidade de suspensão ou de proibição de se obter a permissão ou a habilitação para dirigir veículo automotor tem duração de 2 *(dois) meses a 5 (cinco) anos.*

O termo inicial para o cumprimento desta reprimenda dá-se com o trânsito em julgado da sentença condenatória. Vale dizer que, após o trânsito em julgado da sentença condenatória, deve o condenado ser intimado para entregar a permissão ou habilitação em Juízo, no prazo de 48 (quarenta e oito) horas, a fim de dar início à contagem do prazo da suspensão ou da proibição.

Frise-se que a penalidade de suspensão ou de proibição de se obter a permissão ou a habilitação para dirigir veículo automotor não se inicia enquanto o sentenciado estiver recolhido à prisão em razão de condenação penal.

Trata-se de regra importante trazida pela legislação. O encarceramento, necessariamente, impede que o agente conduza veículo automotor. Assim, não há sentido em se autorizar a fluência do prazo da suspensão ou da proibição de se obter a permissão ou a habilitação enquanto o réu estiver preso, já que, por questões óbvias, o agente não poderá dirigir veículo. O §2º do artigo 293 tem por escopo garantir o efetivo cumprimento da pena de suspensão ou proibição.

3.3 Suspensão ou Proibição de se Obter a Permissão ou a Habilitação (art. 292 do CTB) e Interdição Temporária de Direitos (art. 47, III, do Código Penal)

A suspensão ou proibição de se obter a permissão ou a habilitação prevista no artigo 292 do CTB não se confunde com a Interdição Temporária de Direitos prevista no artigo 47, III, do Código Penal.[20]

---

[20] "Art. 47. As penas de interdição temporária de direitos são: (Redação dada pela Lei nº 7.209, de 11.7.1984): III – suspensão de autorização ou de habilitação para dirigir veículo. (Incluído pela Lei nº 7.209, de 11.7.1984)".

A primeira diferença constatada consiste no fato de que o Código de Trânsito permite a *suspensão* ou a *proibição* de se obter a permissão ou a habilitação. Já a interdição temporária de direitos prevista no artigo 47, III, do Código Penal elenca somente a *suspensão* de autorização ou de habilitação para dirigir veículo. Disso, conclui-se que a pena do Código Penal só pode ser aplicada ao agente delitivo que já possua habilitação, enquanto que no Código de Trânsito pode ser aplicada àquele que possua ou não tal documento.

Além do mais, no Código Penal, as penas alternativas são autônomas e aplicadas em substituição à pena privativa de liberdade, desde que preenchidos os requisitos objetivos e subjetivos (art. 44 do Código Penal). A suspensão ou proibição de se obter a permissão ou a habilitação prevista no artigo 292 do Código de Trânsito não é aplicada em substituição à pena privativa de liberdade, mas de forma autônoma, tendo em vista que está cominada abstratamente em alguns tipos penais.

A pena de *suspensão* de autorização ou de habilitação prevista no Código Penal, em razão do seu caráter substitutivo, não pode ser aplicada cumulativamente com pena privativa de liberdade. Ora, se se trata de pena alternativa, deve ser aplicada em substituição à pena corporal. Vale dizer: ou se aplica a pena privativa ou a pena restritiva de direitos. Por sua vez, a suspensão ou proibição de se obter a permissão ou a habilitação prevista no artigo 292 do Código de Trânsito, por serem penas autônomas (não substitutivas), podem ser aplicadas isoladamente ou de forma cumulativa com a pena privativa de liberdade.

Ainda no mesmo contexto, é importante tecer alguns comentários a respeito das hipóteses de aplicação de tais penas, ou seja, em quais hipóteses será aplicada a pena de Interdição de Direitos prevista no Código Penal e em quais hipóteses será aplicada a pena prevista no artigo 292 do Código de Trânsito.

Observe-se que o artigo 292 do Código de Trânsito fala em suspensão ou proibição de se obter a *permissão* ou a *habilitação*. De seu turno, o artigo 47, III, do Código Penal fala sobre suspensão de *autorização* ou de *habilitação* para dirigir veículo.

A *autorização* é o documento que possibilita a condução de veículos ciclomotores, conforme orienta o artigo 141 do Código de Trânsito. A *permissão* é o documento conferido aos candidatos aprovados no exame de habilitação, cuja validade é de 01 (um) ano, nos moldes do artigo 148, §1º, do Código de Trânsito. Já a *habilitação* é o documento conferido ao condutor aprovado no exame de habilitação, após o término de

1 (um) ano, desde que não tenha cometido nenhuma infração de natureza grave ou gravíssima ou seja reincidente em infração média (art. 148, §3º, do Código de Trânsito).

Diante dessas distinções, pode-se afirmar o seguinte:

a) a pena de interdição de direitos prevista no artigo 47, III, do Código Penal alcança apenas a suspensão da *autorização* e da *habilitação*. Sendo assim, qualquer questão afeta à *permissão* é regulada pelo Código de Trânsito;

b) o artigo 57 do Código Penal estatui que a pena de interdição, prevista no inciso III do art. 47 deste Código, aplica-se aos crimes culposos de trânsito (Redação dada pela Lei nº 7.209, de 11.7.1984). Contudo, o Código de Trânsito Brasileiro também instituiu a suspensão ou proibição de se obter a *permissão* ou a *habilitação*, de forma que, por se tratar de lei posterior e especial ao Código Penal, prevalece em relação às normas gerais deste último. Portanto, nos crimes de homicídio culposo e lesões corporais culposas na direção de veículo automotor, aplica-se o regramento do Código de Trânsito Brasileiro, que autoriza a aplicação de pena privativa de liberdade cumulada com a suspensão ou proibição de se obter a *permissão* ou a *habilitação*;

c) a única hipótese de aplicação do artigo 47, III, do Código Penal dá-se no caso de *suspensão da autorização* para dirigir veículo, lembrando-se que a autorização é utilizada somente para fins de condução de veículos ciclomotores. Sobre esse tema, Cléber Masson faz uma importante observação prática:

> E como ciclomotor, na definição do Anexo I do Código de Trânsito Brasileiro, é o "veículo de duas ou três rodas, provido de um motor de combustão interna, cuja cilindrada não exceda a cinquenta centímetros cúbicos (3,05 polegadas cúbicas) e cuja velocidade máxima de fabricação não exceda a cinquenta quilômetros por hora", essa pena foi praticamente abolida, pois sua aplicação é de quase impossível ocorrência prática.[21]

---

[21] MASSON, Cléber Rogério. *Direto Penal Esquematizado*. 3. ed. rev., atual. e ampl. Rio de Janeiro: Forense; São Paulo: Método, 2010. v. 1 – Parte geral. p. 670.

Em relação à vigência dos dispositivos, alguns autores, a exemplo do Professor Rogério Sanches,[22] entendem que o artigo 47, III, do Código Penal foi tacitamente revogado pelo Código de Trânsito. De outra banda, há quem entenda (como nós) que ainda é possível a aplicação do artigo 47, III, do Código Penal na hipótese de suspensão da *autorização*. Nesse sentido, Guilherme de Souza Nucci leciona que:

> não mais se aplica o disposto no art. 47, III, c.c. art. 57, ambos do Código Penal, quanto à suspensão da habilitação para dirigir veículo. A penalidade passa a ser regida pela Lei 9.503/97. Restou, no mencionado art. 47, III, a suspensão da autorização para dirigir veículo automotor, no caso, destinada apenas aos ciclomotores(...).[23]

3.4 Substituição da Suspensão ou da Proibição de se Obter a Permissão ou a Habilitação por Outra Pena Restritiva de Direitos

Tema recorrente no cotidiano jurídico é o pedido de substituição da suspensão ou da proibição de se obter a permissão ou a habilitação por outra pena restritiva de direitos. Costuma-se alegar, em síntese, que o reeducando labora como caminhoneiro ou que possui filhos menores ou que o trabalho como motorista é o único meio de sobrevivência da família. Por essa razão, pede-se ao Juízo que substitua a pena de suspensão da habilitação ou da permissão por outra restritiva de direitos (prestação de serviços à comunidade, prestação pecuniária, limitação de final de semana), a fim de não inviabilizar o sustento do apenado.

Apesar dos argumentos comumente despendidos, não se tem acolhido a tese da substituição da suspensão ou da proibição de se obter a permissão ou a habilitação por outra pena restritiva de direitos, com a qual concordamos. Os crimes de trânsito trazem a suspensão da habilitação ou da permissão como pena autônoma e cumulativa à pena privativa de liberdade. Assim, em verdade, deparamo-nos com duas penas que devem ser aplicadas conjuntamente. Em outras palavras, no contexto dos crimes de trânsito, a suspensão da habilitação ou da

---

[22] CUNHA, Rogério Sanches. *Manual de Direito Penal*. Parte Geral (arts. 1º ao 120). Salvador: JusPodivm, 2013. p. 437.
[23] NUCCI, Guilherme de Souza. *Leis penais e processuais penais comentadas*. 8. ed. rev., atual. e ampl. Rio de Janeiro: Forense, 2014. v. 2. p. 2431. (*E-book*).

permissão não é pena substitutiva, mas, sim, uma das penas principais previstas no preceito secundário desses delitos.

Portanto, além de não existir amparo legal para a referida substituição, a pena de suspensão se trata de uma sanção cumulativa, e não alternativa, fazendo parte da repressão contida nos crimes de trânsito.

O que deve ser observado, todavia, é que a suspensão do direito de dirigir deve guardar proporcionalidade com a pena detentiva aplicada, observados os limites fixados no art. 293 do Código de Trânsito Brasileiro.

Nesse prisma, orienta-se o Superior Tribunal de Justiça:

AGRAVO REGIMENTAL. HABEAS CORPUS. DELITOS DE TRÂNSITO. SUSPENSÃO DA HABILITAÇÃO PARA CONDUZIR VEÍCULO AUTOMOTOR. VIABILIDADE DA ANÁLISE DO TEMA NA VIA ELEITA. REPRIMENDA CUMULATIVA. OFENSA À LIBERDADE DE LOCOMOÇÃO EM SEU SENTIDO AMPLO. APLICAÇÃO DA PENA. DESPROPORCIONALIDADE DO QUANTUM EM RELAÇÃO À PRIVATIVA DE LIBERDADE. OFENSA AO ART. 293 DO CÓDIGO DE TRÂNSITO BRASILEIRO. SANÇÃO REDIMENSIONADA. DECISÃO AGRAVADA EM CONFORMIDADE COM ENTENDIMENTO FIRMADO NO STJ. MANTIDO O DECISUM PELOS PRÓPRIOS FUNDAMENTOS. 1. Como a suspensão da habilitação de conduzir veículo automotor se trata de reprimenda aplicada cumulativamente com a privativa de liberdade, nos casos de delitos de trânsito, devido o conhecimento do mandamus no ponto em que sustenta a ilegalidade no montante irrogado, por guardar estreita correlação com a pena reclusiva ao qual está atrelada e também por afetar a liberdade do paciente, assim entendida em seu sentido amplo, já que restringida, ao menos parcialmente, a locomoção do condenado. 2. A pena de suspensão ou de proibição de se obter habilitação ou permissão para dirigir veículo automotor, por se cuidar de sanção cumulativa, e não alternativa, deve guardar proporcionalidade com a detentiva aplicada, observados os limites fixados no art. 293 do Código de Trânsito Brasileiro. 3. Evidenciando-se que a decisão agravada espelha o entendimento firmado por este Sodalício sobre a matéria impugnada, deve a mesma ser mantida, pelos seus próprios fundamentos. 4. Agravo regimental improvido (STJ, Relator: Min. Jorge Mussi, Data de Julgamento: 11.02.2014, T5 – Quinta Turma).

Por fim, o fato de o reeducando ser motorista profissional não o exime de cumprir a pena resultante de sua conduta ilícita. O Judiciário não pode se amoldar aos fatores individuais e subjetivos de cada infrator para conceder benefícios, devendo se ater ao que aduz a lei, que, nessas hipóteses, não permite a substituição da pena autônoma de suspensão do direito de dirigir por outra restritiva de direitos.

3.5 Manejo do *Habeas Corpus*

O *Habeas Corpus* é ação autônoma de impugnação que tem por objetivo tutelar a liberdade de locomoção. A previsão constitucional do *Habeas Corpus* dá-se no artigo 5º, XLVIII, da Constituição Federal.[24]

Nesse sentido, indaga-se sobre a possibilidade do manejo do *Habeas Corpus* para discutir nuances da imposição da pena de suspensão ou proibição de se obter a permissão ou a habilitação.

A suspensão ou proibição de se obter a permissão ou a habilitação prevista no artigo 292 do Código de Trânsito não é aplicada em substituição à pena privativa de liberdade, mas de forma autônoma, tendo em vista que está cominada abstratamente em alguns tipos penais. Dessa forma, mesmo havendo descumprimento dessa reprimenda, não se pode convertê-la em pena privativa de liberdade. Assim, não havendo risco efetivo de constrição à liberdade de locomoção física, não é possível o manejo de *Habeas Corpus*, cuja utilização supõe, necessariamente, a concreta configuração de ofensa (atual ou iminente) ao direito de ir, vir e permanecer das pessoas.[25]

Nesse sentido, o Supremo Tribunal Federal editou algumas súmulas que indicam o não cabimento de *Habeas Corpus* quando a privação de liberdade não está mais em jogo. Vejamos:

> *Súmula 395*: Não se conhece de recurso de habeas corpus cujo objeto seja resolver sobre o ônus das custas, por não estar mais em causa a liberdade de locomoção.
> *Súmula 693*: Não cabe habeas corpus contra decisão condenatória a pena de multa, ou relativo a processo em curso por infração penal a que pena pecuniária seja a única cominada.
> *Súmula 695*: Não cabe habeas corpus quando já extinta a pena privativa de liberdade.

---

[24] "LXVIII – conceder-se-á *habeas corpus* sempre que alguém sofrer ou se achar ameaçado de sofrer violência ou coação em sua liberdade de locomoção, por ilegalidade ou abuso de poder;".
[25] STJ – HC: 194299 MG 2011/0005302-3, Relator: Min. Laurita Vaz, Data de Julgamento: 09.04.2013, T5 – Quinta Turma, Data de Publicação: *DJe* 17.04.2013.

Portanto, aplicável o entendimento dessas súmulas ao caso em comento, por não se relacionar com o direito de locomoção do indivíduo. Nesse sentido, já se posicionou o Superior Tribunal de Justiça:

CRIMINAL. HC. ACIDENTE DE TRÂNSITO. HOMICÍDIO CULPOSO. SUBSTITUIÇÃO DA SUSPENSÃO DE HABILITAÇÃO PARA DIRIGIR VEÍCULO AUTOMOTOR. PENA RESTRITIVA DE DIREITOS. IMPOSSIBILIDADE. ORDEM DENEGADA. I. A via do *habeas corpus* não se mostra adequada para fins de redução do lapso temporal relativo à aplicação de pena de suspensão da habilitação, por não se relacionar ao direito de locomoção do paciente. III. Ordem denegada (STJ – HC: 159219 SP 2010/0004173-4, Relator: Min. Gilson Dipp, Data de Julgamento: 28.09.2010, T5 – Quinta Turma, Data de Publicação: *DJe* 18.10.2010).

CAPÍTULO 4

MEDIDA CAUTELAR DE SUSPENSÃO DA PERMISSÃO OU DA HABILITAÇÃO OU PROIBIÇÃO DE SUA OBTENÇÃO

Art. 294. Em qualquer fase da investigação ou da ação penal, havendo necessidade para a garantia da ordem pública, poderá o juiz, como medida cautelar, de ofício, ou a requerimento do Ministério Público ou ainda mediante representação da autoridade policial, decretar, em decisão motivada, a suspensão da permissão ou da habilitação para dirigir veículo automotor, ou a proibição de sua obtenção.
Parágrafo único. Da decisão que decretar a suspensão ou a medida cautelar, ou da que indeferir o requerimento do Ministério Público, caberá recurso em sentido estrito, sem efeito suspensivo.

4.1 Natureza Jurídica, Finalidade e Requisitos para Decretação

Em regra, a suspensão da permissão ou da habilitação para dirigir veículo automotor ou a proibição de sua obtenção é uma consequência da sentença condenatória (*vide* tópico 3). No entanto, o artigo 294 do Código de Trânsito autoriza a antecipação dessa reprimenda, como medida cautelar, no curso da persecução penal, desde que haja necessidade para a garantia da ordem pública.

Trata-se de uma medida de natureza provisória que visa a proteger a segurança viária, evitando-se que o condutor gere danos e exponha a incolumidade pública a perigo.

Cuidando-se de medida cautelar, é necessário que, para sua decretação, seja demonstrada a presença do *fumus bonis iuris* e do *periculum in mora*. Não se trata, pois, de medida automática a ser imposta pelo juiz.

Por *fumus bonis iuris* deve ser entendida a existência de indícios suficientes de autoria e materialidade do crime de trânsito.

Segundo o artigo 294 do CTB, é possível a decretação da suspensão cautelar do direito de dirigir para *garantir a ordem pública (periculum in mora)*. Assim, a garantia da ordem pública deve ser entendida como o risco de o condutor reiterar condutas danosas ou que exponham a perigo a segurança viária. Busca-se, na verdade, manter a paz e a tranquilidade do trânsito que é violada pelo agente delitivo.

Por exemplo: motorista que, em 06 (seis) meses, é preso 03 (três) vezes em flagrante delito pelo crime de embriaguez na direção de veículo automotor. Percebe-se que, para esse motorista, a manutenção do seu direito de dirigir coloca em risco a segurança do trânsito. Portanto, é possível a imposição da medida cautelar.

Aliás, é importante frisar que é viável a imposição da suspensão cautelar da permissão ou da habilitação para dirigir veículo automotor ou a proibição de sua obtenção como condição para a liberdade provisória (cautelar diversa da prisão). Inclusive, o artigo 321 do Código de Processo Penal permite ao juiz, por ocasião da concessão da liberdade provisória, impor medidas cautelares alternativas à prisão, quando verificar sua adequação no caso concreto e observados os critérios de proporcionalidade disciplinados no artigo 282 do Código de Processo Penal.

Diga-se, ainda, que, diversamente da prisão preventiva, é possível a imposição da suspensão do direito de dirigir aos crimes culposos de trânsito, a exemplo do homicídio culposo e da lesão corporal culposa na direção de veículo automotor.[26]

4.2 Legitimados, Momento da Decretação e Fundamentação

A medida cautelar de suspensão da permissão ou da habilitação para dirigir veículo automotor ou a proibição de sua obtenção pode ser decretada de ofício pelo juiz, a requerimento do Ministério Público ou, ainda, mediante representação da autoridade policial, durante toda a

---

[26] CAPEZ, Fernando. *Curso de Direito Penal*. 11. ed. São Paulo: Saraiva, 2016. v. 4 – Legislação pena especial. p. 296.

persecução penal, ou seja, tanto no curso do inquérito, quanto na fase processual.

Nesse ponto, existem críticas doutrinárias sobre a possibilidade de decretação da medida cautelar *ex officio* pelo juiz, por violar o sistema acusatório. Isso porque esse sistema impõe uma divisão determinada das funções de acusar, defender e julgar. Dessa forma, parte da doutrina defende que, ao se autorizar o juiz a decretar de ofício medidas cautelares, estar-se-ia conferindo a ele demasiada ingerência no processo penal (a exemplo de poderes investigatórios), medida que não é comportada pelo ordenamento jurídico pátrio, pois afetaria a imparcialidade do magistrado. Além disso, de há muito não se aceita a figura do "Juiz Inquisidor", ou seja, aquele que possui a função de investigar e julgar. Utilizando-se o sistema acusatório como bússola procedimental, no qual existem figuras distintas para acusar, defender e julgar, não se pode admitir que o mesmo indivíduo que investigue e acuse tenha o poder de julgar os fatos.

Nesse sentido, Antonio Carlos de Araújo Cintra, Ada Pellegrini Grinover e Cândido Rangel Dinamarco diferenciam processo inquisitivo de processo acusatório:

> Tanto no processo penal como no civil a experiência mostra que o juiz que instaura o processo por iniciativa própria acaba ligado psicologicamente à pretensão, colocando-se em posição propensa a julgar favoravelmente a ela. Trata-se do denominado processo inquisitivo, o qual se mostrou sumamente inconveniente pela constante ausência de imparcialidade do juiz. (...) No *processo inquisitivo*, onde as funções de acusar, defender e julgar encontram-se enfeixadas em um único órgão, é o juiz que inicia de ofício o processo, que recolhe as provas e que, a final, profere decisão. (...) O *processo acusatório* – que prevaleceu em Roma e em Atenas – é um processo penal de partes, em que acusador e acusado se encontram em pé de igualdade; é, ainda, um processo de ação, com as garantias da imparcialidade do juiz, do contraditório e da publicidade.[27]

Assim, para não violar a imparcialidade do juiz, parte da doutrina entende que melhor seria que houvesse requerimento do Ministério

---

[27] CINTRA, Antonio Carlos de Araújo Cintra; GRINOVER, Ada Pellegrini; DINAMARCO, Cândido Rangel. *Teoria Geral do Processo*. 25. ed. rev. e atual. São Paulo: Malheiros, 2009. p. 58. (Grifos no original).

Público ou representação da Autoridade Policial para que, então, o juiz pudesse decretar a medida cautelar.[28]

Por fim, seguindo a determinação constitucional do artigo 93, IX, da Constituição Federal, a decretação ou não da medida cautelar deve ser devidamente fundamentada pelo juiz.

4.3 Recurso Cabível

O recurso cabível para discutir a decisão que suspendeu cautelarmente o direito de dirigir ou a que indeferiu o requerimento do Ministério Público é o recurso em sentido estrito, o qual não terá efeito suspensivo.

---

[28] PINTO, Lúcia Bocardo Batista; PINTO, Ronaldo Batista. *Legislação Penal Especial*. São Paulo: Revista dos Tribunais, 2009. v. 6. p. 971-972. (Coleção Ciências Criminais).

CAPÍTULO 5

COMUNICAÇÃO DA SUSPENSÃO OU DA PROIBIÇÃO ÀS AUTORIDADES ADMINISTRATIVAS

Art. 295. A suspensão para dirigir veículo automotor ou a proibição de se obter a permissão ou a habilitação será sempre comunicada pela autoridade judiciária ao Conselho Nacional de Trânsito – CONTRAN, e ao órgão de trânsito do Estado em que o indiciado ou réu for domiciliado ou residente.

Havendo a decretação da medida cautelar de suspensão do direito de dirigir ou da proibição de se obter a permissão ou habilitação, deverá o juiz comunicar o Conselho Nacional de Trânsito (CONTRAN) e também o órgão estadual de trânsito (DETRAN) de onde o agente seja residente ou domiciliado. O sentido dessa determinação legal é possibilitar a fiscalização da medida imposta. A comunicação prevista nesse dispositivo é aplicável tanto em sede de medida cautelar quanto de condenação definitiva.

OBRIGATORIEDADE DE APLICAÇÃO DA SUSPENSÃO DO DIREITO DE DIRIGIR

Art. 296. Se o réu for reincidente na prática de crime previsto neste Código, o juiz aplicará a penalidade de suspensão da permissão ou habilitação para dirigir veículo automotor, sem prejuízo das demais sanções penais cabíveis. (Redação dada pela Lei nº 11.705, de 2008)

O artigo 296 do Código de Trânsito trata da obrigatoriedade da aplicação da penalidade de suspensão da permissão ou habilitação para dirigir veículo automotor quando o réu for reincidente na prática de crime de trânsito.

O dispositivo fala em reincidência específica em crimes de trânsito, ou seja, se o agente cometer outro delito de trânsito depois de ter sido condenado definitivamente por anterior crime de trânsito, o juiz deve aplicar a pena de suspensão da permissão ou habilitação para dirigir veículo automotor. De outra banda, não sendo o réu reincidente específico em crime de trânsito, não há obrigatoriedade da aplicação desta reprimenda.

A obrigatoriedade da aplicação dessa penalidade surgiu com a Lei nº 11.705/2008. Antes da entrada em vigor dessa Lei, se o réu fosse reincidente na prática de crime de trânsito, o juiz poderia (e não deveria) aplicar a penalidade de suspensão da permissão ou habilitação para dirigir veículo automotor, sem prejuízo das demais sanções penais cabíveis.

Importante frisar que o artigo 296 somente obriga o juiz a aplicar a pena de suspensão da permissão ou habilitação para dirigir veículo automotor, não se referindo à penalidade de proibição de se obter a permissão, o que nos leva a crer que, mesmo sendo reincidente específico, não existe a obrigatoriedade em sua aplicação.

Diga-se, ainda, que a pena de suspensão da permissão ou habilitação para dirigir veículo automotor é considerada pena autônoma. Dessa forma, mesmo que o tipo penal incriminador não traga no preceito secundário a previsão dessa reprimenda (a exemplo dos crimes dos artigos 304, 305, 309, 310, 311 e 312, todos do Código de Trânsito), deve o juiz aplicá-la.

MULTA REPARATÓRIA

> Art. 297. A penalidade de multa reparatória consiste no pagamento, mediante depósito judicial em favor da vítima, ou seus sucessores, de quantia calculada com base no disposto no §1º do art. 49 do Código Penal, sempre que houver prejuízo material resultante do crime.
> §1º A multa reparatória não poderá ser superior ao valor do prejuízo demonstrado no processo.
> §2º Aplica-se à multa reparatória o disposto nos arts. 50 a 52 do Código Penal.
> §3º Na indenização civil do dano, o valor da multa reparatória será descontado.

O Código de Trânsito Brasileiro previu a multa reparatória no artigo 297. Tal instituto consiste no pagamento de indenização em favor da vítima ou de seus sucessores sempre que houver prejuízo material resultante do crime. Vale dizer, o Juízo Criminal poderá fixar perdas e danos à vítima na sentença penal condenatória.

Essa previsão segue a tendência inaugurada pela Lei nº 9.099/95, que busca, sempre que possível e com primazia, ressarcir a vítima dos prejuízos sofridos por ocasião da infração penal. Nesse sentido, instituiu o legislador, no artigo 74 da Lei nº 9.099/95, a composição civil do dano, que incentiva a reparação dos prejuízos sofridos pela vítima, causando, inclusive, a extinção da persecução penal.

Passeando pela legislação processual, encontramos, também, o artigo 387, IV, do Código de Processo Penal (com redação da pela Lei nº 11.719/08), o qual autoriza o Juízo Criminal a fixar valor mínimo para a reparação dos danos causados pela infração, considerando os prejuízos sofridos pelo ofendido.

Ainda no mesmo sentido, o artigo 20, *caput*, da Lei nº 9.605/98 (Lei de Crimes Ambientais) impõe que a sentença penal condenatória fixe valor mínimo de indenização civil para reparação dos danos causados pela infração, levando-se em conta os prejuízos sofridos pela vítima ou pelo meio ambiente. Semelhante ao que ocorre com a multa reparatória do Código de Trânsito é o Juízo Criminal fixando indenização civil em processo penal.

Portanto, percebe-se que o legislador passou a dar maior atenção à vítima do delito, facilitando, ao menos no âmbito legal, a possibilidade de ressarcimento de seus prejuízos, sem que haja necessidade de ingressar com ação indenizatória no âmbito civil.

A multa reparatória somente pode ser aplicada se, em decorrência da prática do delito, a vítima tiver experimentado algum prejuízo material. Dessa forma, nem todos os crimes previstos no Código de Trânsito autorizam a aplicação do instituto em estudo. Alguns crimes, como os delitos dos artigos 306, 307, 309 e 312, os quais não acarretam prejuízo material à vítima, não permitem a fixação da multa reparatória. Outros delitos, a exemplo dos artigos 302, 303 e 304, possuem vítima certa e determinada e, por conseguinte, autorizam a aplicação da multa reparatória.

Importante salientar, ainda, que o artigo 297 se refere ao *prejuízo material* suportado pela vítima, não mencionando o dano moral. Sendo assim, segundo o Código de Trânsito, o dano moral deve ser perquirido em ação cível própria, escapando da análise do Juízo Criminal.

Contudo, nos termos do artigo 387, IV, do Código de Processo Penal, a jurisprudência do Superior Tribunal de Justiça já admitiu que o Juízo Criminal fixe, a título de reparação mínima, danos morais, desde que o magistrado o faça de forma fundamentada e, ao proferir a sentença penal condenatória, sinta-se apto para quantificá-lo diante do caso concreto.

Na linha de fundamentação do STJ, o Código Penal traz vários dispositivos que tratam do ressarcimento do prejuízo da vítima, tais como o artigo 91, I (que cuida da obrigação de reparar o dano como efeito da condenação), o artigo 16 (que dispõe sobre a causa de diminuição da pena para o agente que repare o dano ou restitua a coisa ao ofendido) e o artigo 65, III, "b" (que trata da reparação do dano como atenuante genérica).

Dessa forma, apesar de existir uma separação de jurisdição, a sentença penal condenatória possui natureza de título executivo judicial, a qual deve ser liquidada perante a jurisdição civil. Assim, com a valorização dos princípios da economia e celeridade processual e levando-se em conta que a legislação penal brasileira sempre buscou incentivar o ressarcimento à vítima, é necessário repensar esse sistema, justamente para que se possa proteger com maior eficácia o ofendido, evitando que o alto custo e a lentidão da justiça levem a vítima a desistir de pleitear a indenização civil. Dentro dessa perspectiva, em que se busca dar maior efetividade ao direito da vítima em ver ressarcido o dano sofrido, a Lei nº 11.719/2008 trouxe diversas alterações ao Código de Processo Penal, dentre as quais o poder conferido ao magistrado penal de fixar um valor mínimo para a reparação civil do dano causado pela infração penal, sem prejuízo da apuração do dano efetivamente sofrido pelo ofendido na esfera cível.

Além do mais, ao se impor ao juiz penal a obrigação de fixar valor mínimo para reparação dos danos causados pelo delito, considerando os prejuízos sofridos pelo ofendido, está se ampliando o âmbito de sua jurisdição para abranger, ainda que de forma limitada, a jurisdição cível, pois o juiz penal deverá apurar a existência de dano civil, não obstante pretenda apenas fixar o valor mínimo. Dessa forma, junto com a sentença penal, haverá uma sentença cível líquida que, mesmo limitada, estará apta a ser executada. Ademais, quando se fala em sentença cível, em que se apura o valor do prejuízo causado a outrem, vale lembrar que, além do prejuízo material, também deve ser observado o dano moral que a conduta ilícita ocasionou. Nesse aspecto, apesar de a legislação ter introduzido essa alteração, não regulamentou nenhum procedimento para efetivar a apuração desse valor, nem estabeleceu qual o grau de sua abrangência, uma vez que apenas se referiu à apuração do dano efetivamente sofrido.

De arremate, é necessário observar o escopo da própria alteração legislativa (art. 387, IV, do Código de Processo Penal, com redação dada pela Lei nº 11.719/08), qual seja promover maior eficácia ao direito da vítima em ver ressarcido o dano sofrido. Dessa forma, considerando que a norma não limitou nem regulamentou como será quantificado o valor mínimo para a indenização e levando-se em conta, ainda, que a legislação penal sempre priorizou o ressarcimento da vítima em relação aos prejuízos sofridos, é possível fixar valor mínimo ao dano moral sofrido por esta, sempre que o juiz se sentir apto para, diante do caso concreto, e ainda que de forma mínima, quantificá-lo.

Nesse sentido, há precedente do Superior Tribunal de Justiça, publicado no Informativo 588. Vejamos:

DIREITO PROCESSUAL PENAL. POSSIBILIDADE DE FIXAÇÃO DE VALOR MÍNIMO PARA COMPENSAÇÃO DE DANOS MORAIS SOFRIDOS PELA VÍTIMA DE INFRAÇÃO PENAL. *O juiz, ao proferir sentença penal condenatória, no momento de fixar o valor mínimo para a reparação dos danos causados pela infração (art. 387, IV, do CPP), pode, sentindo-se apto diante de um caso concreto, quantificar, ao menos o mínimo, o valor do dano moral sofrido pela vítima, desde que fundamente essa opção.* De fato, a legislação penal brasileira sempre buscou incentivar o ressarcimento à vítima. Essa conclusão pode ser extraída da observação de algumas regras do CP: a) art. 91, I – a obrigação de reparar o dano é um efeito da condenação; b) art. 16 – configura causa de diminuição da pena o agente reparar o dano ou restituir a coisa ao ofendido; c) art. 65, III, "b" – a reparação do dano configura atenuante genérica, etc. Mas, apesar de incentivar o ressarcimento da vítima, a regra em nosso sistema judiciário era a separação de jurisdição, em que a ação penal destinava-se à condenação do agente pela prática da infração penal, enquanto a ação civil tinha por objetivo a reparação do dano. No entanto, apesar de haver uma separação de jurisdição, a sentença penal condenatória possuía o "status" de título executivo judicial, que, no entanto, deveria ser liquidado perante a jurisdição civil. Com a valorização dos princípios da economia e celeridade processual e considerando que a legislação penal brasileira sempre buscou incentivar o ressarcimento à vítima, surgiu a necessidade de repensar esse sistema, justamente para que se possa proteger com maior eficácia o ofendido, evitando que o alto custo e a lentidão da justiça levem a vítima a desistir de pleitear a indenização civil. Dentro desse novo panorama, em que se busca dar maior efetividade ao direito da vítima em ver ressarcido o dano sofrido, a Lei n. 11.719/2008 trouxe diversas alterações ao CPP, dentre elas, o poder conferido ao magistrado penal de fixar um valor mínimo para a reparação civil do dano causado pela infração penal, sem prejuízo da apuração do dano efetivamente sofrido pelo ofendido na esfera cível. No Brasil, embora não se tenha aderido ao sistema de unidade de juízo, essa evolução legislativa, indica, sem dúvidas, o reconhecimento da natureza cível da verba mínima para a condenação criminal. Antes da alteração legislativa, a sentença penal condenatória irrecorrível era um título executório incompleto, porque embora tornasse certa a exigibilidade do crédito, dependia de liquidação para apurar o "quantum" devido. Assim, ao impor ao juiz penal a obrigação de fixar valor mínimo para reparação dos danos causados pelo delito, considerando os prejuízos sofridos pelo ofendido, está-se ampliando o âmbito de sua jurisdição para abranger, embora de forma limitada, a jurisdição cível, pois o juiz penal deverá apurar a existência de dano civil, não obstante pretenda fixar apenas o valor mínimo. Dessa forma, junto com a sentença penal, haverá uma sentença cível líquida que, mesmo limitada, estará apta a ser executada.

E quando se fala em sentença cível, em que se apura o valor do prejuízo causado a outrem, vale lembrar que, além do prejuízo material, também deve ser observado o dano moral que a conduta ilícita ocasionou. E nesse ponto, embora a legislação tenha introduzido essa alteração, não regulamentou nenhum procedimento para efetivar a apuração desse valor nem estabeleceu qual o grau de sua abrangência, pois apenas se referiu à "apuração do dano efetivamente sofrido". Assim, para que se possam definir esses parâmetros, deve-se observar o escopo da própria alteração legislativa: promover maior eficácia ao direito da vítima em ver ressarcido o dano sofrido. Assim, considerando que a norma não limitou nem regulamentou como será quantificado o valor mínimo para a indenização e considerando que a legislação penal sempre priorizou o ressarcimento da vítima em relação aos prejuízos sofridos, o juiz que se sentir apto, diante de um caso concreto, a quantificar, ao menos o mínimo, o valor do dano moral sofrido pela vítima, não poderá ser impedido de o fazer (REsp 1.585.684-DF, Relatora: Min. Maria Thereza de Assis Moura, julgado em 9.8.2016, *DJe* 24.8.2016). (Grifos nossos).

Portanto, apesar de o artigo 297 não prever a possibilidade de fixação de reparação mínima do dano moral, é possível fazê-la com base no artigo 387, IV, do Código de Processo Penal.

O limite máximo da multa reparatória a ser fixado é o valor do prejuízo material demonstrado no processo (art. 297, §1º). Para comprovação desse montante, a vítima poderá trazer aos autos, por exemplo, as notas referentes ao conserto do seu veículo, bem como as que digam respeito ao tratamento médico realizado. Não há necessidade de que exista uma especial forma de demonstração do prejuízo, prevalecendo-se a informalidade para tanto.

Diga-se, ainda, que na indenização civil do dano, o valor da multa reparatória será descontado (art. 297, §3º).

O artigo 297, §2º, estabelece balizas sobre o procedimento de execução da multa reparatória, afirmando que é aplicável o disposto nos artigos 50 a 52 do Código Penal.

O artigo 50 do Código Penal informa que a multa deve ser adimplida no prazo de 10 (dez) dias, a contar do trânsito em julgado da sentença penal condenatória, autorizando-se, ainda, a requerimento do condenado e desde que as circunstâncias permitam, o parcelamento mensal do pagamento. É possível, também, que a cobrança se dê mediante desconto no vencimento ou salário (desconto em folha), desde que não incida sobre os recursos indispensáveis ao sustento do condenado e de sua família.

O artigo 51 do Código Penal dispõe que, após o trânsito em julgado da sentença condenatória, a multa será considerada dívida de valor. Contudo, entendemos que esse dispositivo não tem aplicabilidade à multa reparatória. A multa reparatória não pode ser convertida em dívida de valor a ser executada no Juízo Cível pela Fazenda Pública,[29] tendo em vista que se trata de indenização de natureza civil, que visa a ressarcir o ofendido dos prejuízos materiais decorrentes do crime de trânsito. Não se trata de dívida de valor decorrente de multa de natureza penal. Assim, caberá à vítima e seus sucessores efetivar sua execução na seara cível. Nesse sentido, Guilherme de Souza Nucci leciona que:

> seguindo-se o estabelecido no Código Penal, a multa deve ser paga dentro de dez dias, a contar do trânsito em julgado da decisão condenatória. Pode ser parcelada, inclusive com desconto diretamente no salário do sentenciado, desde que não prejudique o seu sustento e de sua família. Cobra-se em Vara Cível. Em nosso entendimento, é atribuição da vítima ou de seus sucessores promover a execução, não cabendo ao Ministério Público tomar a iniciativa, afinal, inexiste interesse público em jogo. Lembremos que não se trata de multa representativa de sanção penal, mas antecipação de indenização civil.[30]

Por fim, o artigo 52 do Código Penal narra que, sobrevindo ao condenado doença mental, é suspensa a execução da pena de multa.

---

[29] Súmula 521-STJ: "A legitimidade para a execução fiscal de multa pendente de pagamento imposta em sentença condenatória é exclusiva da Procuradoria da Fazenda Pública".
[30] NUCCI, Guilherme de Souza. *Leis penais e processuais penais comentadas*.8. ed. rev., atual. e ampl. Rio de Janeiro: Forense, 2014. v. 2. p. 2446. (*E-book*).

AGRAVANTES

Art. 298. São circunstâncias que sempre agravam as penalidades dos crimes de trânsito ter o condutor do veículo cometido a infração:
I – com dano potencial para duas ou mais pessoas ou com grande risco de grave dano patrimonial a terceiros;
II – utilizando o veículo sem placas, com placas falsas ou adulteradas;
III – sem possuir Permissão para Dirigir ou Carteira de Habilitação;
IV – com Permissão para Dirigir ou Carteira de Habilitação de categoria diferente da do veículo;
V – quando a sua profissão ou atividade exigir cuidados especiais com o transporte de passageiros ou de carga;
VI – utilizando veículo em que tenham sido adulterados equipamentos ou características que afetem a sua segurança ou o seu funcionamento de acordo com os limites de velocidade prescritos nas especificações do fabricante;
VII – sobre faixa de trânsito temporária ou permanentemente destinada a pedestres.
Art. 299. (VETADO)

Circunstâncias agravantes são aquelas que, sem integrar o tipo penal, autorizam que o juiz agrave a pena do agente. Tais circunstâncias são consideradas na segunda fase da aplicação da pena.

No contexto do Código de Trânsito Brasileiro, as circunstâncias agravantes revelam uma maior periculosidade do agente ou um maior risco à incolumidade física de terceiros e, por essa razão, autorizam a elevação da pena.

Importante salientar que é possível a aplicação das agravantes previstas no Código Penal aos crimes de trânsito. Vale dizer, o fato de o Código de Trânsito trazer circunstâncias agravantes exclusivas dos crimes de trânsito não afasta a incidência das agravantes genéricas previstas nos artigos 61 e 62 do Código Penal, desde que elas sejam diversas (Ex.: agravante genérica da reincidência e agravante do Código de Trânsito de conduzir veículo automotor sobre faixa de pedestres).

8.1 Dano Potencial para Duas ou Mais Pessoas ou com Grande Risco de Grave Dano Patrimonial a Terceiros

A pena será agravada quando o crime gerar dano potencial para duas ou mais pessoas ou for praticado gerando grande risco de grave dano patrimonial a terceiros.

Em relação à primeira parte do dispositivo (dano potencial para duas ou mais pessoas), tem-se entendido que não há aplicação quanto aos crimes de homicídio culposo e lesão corporal culposa na direção de veículo automotor, subsistindo, nesses casos, o reconhecimento da regra do artigo 70 do Código Penal (concurso formal).

Exemplificando, imagine-se que o agente, em razão de imprudência, por conduzir seu veículo em alta velocidade, capote o carro e, culposamente, tire a vida de dois amigos que estão junto com ele. Nessa hipótese, não há aplicação da agravante, mas, sim, da regra do concurso formal, tendo em vista que, mediante uma ação, o agente praticou dois crimes (matou dois amigos na condução de veículo automotor).

Dessa maneira, somente haverá aplicação da agravante nas hipóteses dos crimes de perigo previstos no Código de Trânsito, a exemplo do delito de embriaguez na direção de veículo automotor (art. 306).

Há quem entenda, de forma minoritária, a exemplo do professor Guilherme de Souza Nucci, que tal dispositivo, se aplicado, gera dupla punição pelos mesmos fatos. Tal crítica fundamenta-se no fato de que os crimes de trânsito tutelam a segurança pública, não havendo sentido agravar a conduta em virtude de dano potencial a duas ou mais pessoas, tendo em vista que essa circunstância já compõe o tipo, causando indesejado *bis in idem*. Vejamos:

> a dupla menção a situações de perigo concreto, uma ligada à possibilidade de ocorrência de dano a pessoas, outra vinculada à probabilidade de concretização de grave dano patrimonial, somente são viáveis para os crimes de dano (homicídio culposo e lesões culposas). É preciso considerar que os outros delitos de trânsito são de perigo, logo, considerar a

probabilidade de dano potencial para pessoas ou grave dano patrimonial a terceiros seria o indevido bis in idem. Afinal, o perigo já serviu para a tipificação da infração penal, não podendo ser utilizada, novamente, para agravar a pena. Porém, se o autor de homicídio culposo (ou lesões culposas), além de atingir a vítima, colocar em risco duas ou mais pessoas, bem como provocar a probabilidade de dano patrimonial a terceiros, incidiria a agravante prevista neste inciso.[31]

Não concordamos com a ocorrência de *bis in idem*, e nos filiamos à posição de Lúcia Bocardo Batista Pinto e Ronaldo Batista Pinto:

> Discordamos dessa orientação. Primeiro, porque a exasperação da pena se justifica em vista da maior gravidade da ação do motorista, afinal causar risco a duas ou mais pessoas é conduta que merece maior reprovação do que acarretar o mesmo risco a uma pessoa apenas. Segundo, em virtude de que o risco a duas pessoas ou mais só compõe o tipo penal do delito do art. 311 do CTB. (...) Nos demais crimes, porém, não faz parte do tipo penal o risco a duas pessoas ou mais, sendo plenamente possível, por exemplo, que o sujeito embriagado (art. 306 do CTB), coloque em risco apenas uma pessoa ou mais de uma. Nesse segundo caso, incidirá a agravante.[32]

A segunda parte do dispositivo será aplicada sempre que houver grande risco de grave dano patrimonial a terceiros. Para configuração da agravante, é mister que haja a exposição a grave dano patrimonial, não sendo necessário que exista efetivamente o dano (exige-se apenas o grande risco, e não o dano). Obviamente, se a conduta ultrapassar o patamar do grande risco e gerar dano efetivo, também haverá a incidência da agravante, por se tratar de uma ação mais gravosa. Dizendo de outra forma: se a mera exposição a grande risco de dano patrimonial já caracteriza a agravante, com muito mais razão se o dano efetivamente existir.

Importante demonstrar, no caso concreto, que a conduta praticada pelo agente é apta a causar grande risco de grave dano patrimonial a terceiros. Se não houver essa indicação ou se o risco de grave dano patrimonial for pequeno, não há que se falar no reconhecimento da agravante. Trago ao amigo leitor exemplo do cotidiano em que tive

---

[31] NUCCI, Guilherme de Souza. *Leis penais e processuais penais comentadas*. 8. ed. rev., atual. e ampl. Rio de Janeiro: Forense, 2014. v. 2.p. 2449. (*E-book*).
[32] PINTO, Lúcia Bocardo Batista; PINTO, Ronaldo Batista. *Legislação Penal Especial*. São Paulo: Revista dos Tribunais, 2009. v. 6. p. 976. (Coleção Ciências Criminais).

a oportunidade (ou o desprazer) de atuar como Promotor de Justiça: motociclista, fugindo da polícia, invade uma praça pública em alta velocidade, fazendo manobras conhecidas como "cavalo de pau"; na praça havia várias barracas vendendo alimentos e realizando sorteios de prêmios para famílias, as quais participavam de uma confraternização.

8.2 Utilizando o Veículo sem Placas, com Placas Falsas ou Adulteradas

Segundo o artigo 115 do Código de Trânsito, "o veículo será identificado externamente por meio de placas dianteira e traseira, sendo esta lacrada em sua estrutura, obedecidas as especificações e modelos estabelecidos pelo CONTRAN". Portanto, a lei de trânsito empresta especial importância à identificação dos veículos, considerando, inclusive, infração administrativa gravíssima a condução destes com qualquer uma das placas de identificação sem condições de legibilidade e visibilidade (art. 230, V).

O motivo do agravamento da pena se dá em razão da maior dificuldade em se apurar o crime pela ausência da placa ou se esta for falsa ou adulterada.[33]

Considera-se placa falsificada aquela que não foi emitida pelo órgão de trânsito competente, abrangendo, inclusive, a situação em que se utiliza placa verdadeira de veículo diverso e a instala no veículo pretendido[34] (a placa é original, mas não pertence àquele veículo, mas sim a outro).

Entende-se por placa adulterada aquela que possui algum tipo de descaracterização capaz de alterar/modificar sua numeração (Ex.: colocação de fita adesiva,[35] alteração da pintura dos números ou letras etc.).

---

[33] JESUS, Damásio de. *Crimes de Trânsito*: Anotações à Parte Criminal. 8. ed. São Paulo: Saraiva, 2009. p. 66.

[34] Nesse sentido, o Superior Tribunal de Justiça tem entendido que a conduta de substituir a placa original de veículo automotor por placa de outro se amolda ao tipo descrito no art. 311 do Código Penal, tendo em vista a adulteração dos sinais identificadores (AgRg no AREsp 182005 SP 2012/0106237-3. T5 – Quinta Turma. *DJe* 29.06.2015. Min. Reynaldo Soares da Fonseca).

[35] "A jurisprudência deste Superior Tribunal de Justiça também é firme no sentido de que a norma contida no art. 311 do Código Penal busca resguardar a autenticidade dos sinais *identificadores* dos *veículos* automotores, sendo, pois, típica, a simples conduta de alterar, com fita adesiva, a *placa* do automóvel, ainda que não caracterizada a finalidade específica

É importante frisar que a pena não será agravada quando a falsificação for grosseira, ou seja, quando a contrafação puder ser verificada de plano, sem que haja necessidade de um estudo mais aprofundado, uma vez que, nesta hipótese, não haverá potencialidade para enganar os órgãos de fiscalização.

Para Guilherme de Souza Nucci, com o qual concordamos, "devemos observar que, se a adulteração for realizada pelo próprio agente do crime de trânsito, responderá ele, em concurso material, pelo delito previsto no art. 311 do Código Penal".[36]

8.3 Sem Possuir Permissão para Dirigir ou Carteira de Habilitação

O Código de Trânsito Brasileiro exige que o motorista tenha capacidade para conduzir veículo automotor, sendo que, para isso, determina a realização de testes de aptidão (teóricos e práticos) para a aquisição da permissão para dirigir. Portanto, aquele que pratica crime de trânsito e não possui a devida permissão ou habilitação para dirigir, obviamente, tem uma conduta mais reprovável, pois não apresenta qualificações mínimas para enfrentar o trânsito.

Frise-se, contudo, que não se trata de responsabilidade penal objetiva, o que é inadmissível no Direito Penal. Trata-se, simplesmente, de uma condição pessoal do condutor que acarreta maior grau de censura na conduta criminosa desenvolvida.

Essa agravante não tem aplicabilidade aos crimes de Homicídio e Lesão Corporal culposos na direção de veículo automotor, haja vista que, para estes delitos, a falta de permissão ou habilitação para condução do veículo é causa especial de aumento de pena (art. 302, §1º, I, e art. 303, parágrafo único). Assim, a fim de evitar *bis in idem*, não poderá existir o reconhecimento da agravante.

Da mesma forma e pelos mesmos motivos acima, a agravante em comento não se aplica ao crime do artigo 309 do Código de Trânsito (Dirigir veículo automotor sem a devida permissão ou habilitação), tendo em vista que a falta de permissão ou habilitação compõe o tipo penal.

---

de fraudar a fé pública (AgRg no REsp 1327888 SP 2012/0117231-6. T5 – Quinta Turma. *DJe* 11.03.2015. Min. Jorge Mussi). (Grifos nossos).

[36] NUCCI, Guilherme de Souza. *Leis penais e processuais penais comentadas*. 8. ed. rev., atual. e ampl. Rio de Janeiro: Forense, 2014. v. 2. p. 2451. (*E-book*).

8.4 Com Permissão para Dirigir ou Carteira de Habilitação de Categoria Diferente da do Veículo

Segundo o artigo 146 do Código de Trânsito, "para conduzir veículos de outra categoria o condutor deverá realizar exames complementares exigidos para habilitação na categoria pretendida". Portanto, possuir carteira de habilitação diversa da do veículo conduzido é o mesmo que não a possuir. Aplica-se a esta agravante o mesmo raciocínio do item anterior.

8.5 Quando a sua Profissão ou Atividade Exigir Cuidados Especiais com o Transporte de Passageiros ou de Carga

Há o agravamento da pena quando a profissão ou atividade do motorista exigir cuidados especiais com o transporte de passageiros (Ex.: motorista de ônibus escolar) ou de carga (Ex.: motorista de carreta que carrega material inflamável).

A presente agravante é direcionada ao motorista profissional, do qual se exige mais cuidado e atenção no trânsito. Vale dizer, se o agente desenvolve a atividade de condução de veículo de forma profissional, é razoável se exigir maior responsabilidade e cautela.

Entende-se por profissão a hipótese em que o motorista trabalha *formalmente* (Ex.: motorista de empresa de ônibus) com transporte de passageiros ou de carga. Já *atividade*, tem-se o motorista que trabalha na informalidade ou mesmo por conta própria.

Fernando Capez, com razão, lembra que

> para os crimes de homicídio e lesão culposa na direção de veículo automotor, caracteriza causa de aumento de pena de 1/3 até metade o fato de o condutor de veículo, no exercício de sua profissão ou atividade, estar conduzindo veículo de transporte de *passageiros*(CTB, arts. 302, §1º, IV, e 303, parágrafo único).[37]

---

[37] CAPEZ, Fernando. *Curso de Direito Penal*. 11. ed. São Paulo: Saraiva, 2016. v. 4 – Legislação pena especial. p. 302, grifos do original.

8.6 Utilizando Veículo em que Tenham Sido Adulterados Equipamentos ou Características que Afetem a sua Segurança ou o seu Funcionamento de Acordo com os Limites de Velocidade Prescritos nas Especificações do Fabricante

É do nosso conhecimento que as empresas automobilísticas investem em desenvolvimento de tecnologias e pesquisas com a finalidade de aumentar a segurança dos veículos. Os engenheiros se desdobram para fornecer ao mercado de consumo equipamentos cada vez mais seguros e compatíveis com a necessidade de se preservar a boa fluidez do trânsito. Cada dia mais, os veículos são equipados com *airbags*, freios ABS, sensor de velocidade e estacionamento, limitador de velocidade etc. Cada veículo possui suas especificações e características para que, da forma como foi pensado e concebido, seja utilizado. Busca-se, com isso, a segurança viária.

Diante desse panorama, aquele que adultera os equipamentos ou as características que afetam a segurança ou o funcionamento do veículo reduz a segurança viária e, por essa razão, deve ter a sua pena agravada.

Podemos citar como exemplo os veículos rebaixados (sem suspensão), com roda maior que as especificações do fabricante, os carros "com motor envenenado", motocicletas sem retrovisores etc.

Trata-se de norma penal em branco, tendo em vista que é necessário verificar quais são as especificações do fabricante, bem como as determinações das leis de trânsito, para averiguar se a adulteração do veículo se deu de forma irregular, aumentando-se o risco.

8.7 Sobre Faixa de Trânsito Temporária ou Permanentemente Destinada a Pedestres

De acordo com o Anexo I do Código de Trânsito, faixa de trânsito é "qualquer uma das áreas longitudinais em que a pista pode ser subdividida, sinalizada ou não por marcas viárias longitudinais, que tenham uma largura suficiente para permitir a circulação de veículos automotores".

Trata-se do local destinado à circulação de pedestres. Busca-se aumentar a segurança dos transeuntes nesses locais designados. Portanto, espera-se que o condutor devote maior respeito a essas faixas, já que elas são destinadas à proteção do pedestre. Justifica-se o agravamento da pena em razão da maior reprovabilidade da conduta daquele que desrespeita a faixa de pedestres.

Deve-se lembrar que a presente agravante não incide nos crimes de homicídio e lesão corporal culposa na direção de veículo automotor, tendo em vista que a prática dos referidos crimes na faixa de pedestres constitui causa de aumento de pena de 1/3 a metade (art. 302, §1º, II, e art. 303, parágrafo único).

PERDÃO JUDICIAL

Art. 300. (VETADO)

Perdão judicial é o instituto que permite ao juiz, nas hipóteses taxativamente previstas em lei, deixar de aplicar a pena se as consequências da infração atingirem o próprio agente de forma tão grave que a sanção penal se torne desnecessária.

Antes da entrada em vigor do Código de Trânsito Brasileiro, os crimes de homicídio e lesão corporal culposa na direção de veículo automotor eram punidos com base no Código Penal Brasileiro (art. 121, §3º, e art. 129, §6º), ambos com previsão de aplicação de perdão judicial (art. 121, §5º, e art. 129, §8º).

Com o advento do Código de Trânsito, houve a especialização da punição dos crimes de homicídio e lesão corporal culposa na direção de veículo automotor (arts. 302 e 303). O artigo 300 dispunha que "nas hipóteses de homicídio culposo e lesão corporal culposa, o juiz poderá deixar de aplicar a pena, se as consequências da infração atingirem, exclusivamente, o cônjuge ou companheiro, ascendente, descendente, irmão ou afim em linha reta, do condutor do veículo".[38] Contudo, tal artigo foi vetado pelo Presidente da República.

Assim, surgiu a dúvida sobre a possibilidade ou não da aplicação do mencionado instituto aos delitos previstos na Lei de Trânsito, uma vez que, como visto acima, o perdão judicial somente pode ser aplicado aos casos taxativamente previstos em lei.

Nas razões que levaram ao veto do artigo 300 do Código de Trânsito consta que o perdão judicial do Código Penal é tratado de forma

---

[38] Texto vetado.

mais ampla do que o disposto na Lei de Trânsito. Por essa razão, seria desnecessária sua inclusão no Código de Trânsito. Vejamos a íntegra das razões do veto:

> O artigo trata do perdão judicial, já consagrado pelo Direito Penal. Deve ser vetado, porém, porque as hipóteses previstas pelo §5º do art. 121 e §8º do artigo 129 do Código Penal disciplinam o instituto de forma mais abrangente.

Dessa forma, os motivos que ensejaram o veto do perdão judicial no Código de Trânsito não se deram com o intuito de extirpar esse benefício, mas, sim, por ele ser tratado de forma mais abrangente pelo Código Penal, o qual é aplicado subsidiariamente à Lei de Trânsito (art. 291 do CTB).

Ademais, quando a Lei nº 6.416/77 instituiu o perdão judicial, ela o fez com vistas a minorar os impactos sociais dos acidentes de trânsito, pois, à época, surgiam no Brasil as indústrias automobilísticas. Portanto, inicialmente, o perdão judicial foi pensado e programado justamente para os casos de acidentes de trânsito.

Dessa maneira, embora o art. 300 não devesse ter sido vetado (para que não se fugisse da boa técnica jurídica), a nosso sentir, não há nenhum óbice para a aplicação do perdão judicial aos delitos de homicídio e lesão corporal culposa na direção de veículo automotor. Nesse sentido, Rogério Greco faz importantes observações:

> Embora não concordemos com o veto presidencial, pois entendemos que as hipóteses que possibilitam a aplicação deverão estar expressas, ou seja, deverá haver previsão legal em cada tipo penal em que seja permitido, pela lei, o perdão judicial, acreditamos, junto com a corrente majoritária, ser possível, por questões de política criminal, a aplicação do perdão judicial aos arts. 302 e 303 do Código de Trânsito brasileiro. Isso porque não seria razoável entender que, embora as razões que fizeram inserir o perdão judicial para os crimes de homicídio culposo e lesão corporal culposa foram, sem dúvida, o elevado número de acidentes de trânsito, agora que foram criadas infrações penais específicas para o trânsito, o perdão judicial não fosse aplicado.
> Assim, mesmo correndo o risco de se abrir uma porta para outras infrações penais, excepcionando-se a regra contida no inciso IX do art. 107 do Código Penal, somos pela possibilidade de aplicação do perdão

judicial aos delitos tipificados nos arts. 302 e 303 do Código de Trânsito brasileiro.[39]

O Superior Tribunal de Justiça também admite a aplicação do perdão judicial aos crimes de homicídio e lesão corporal culposa na direção de veículo automotor. Nesse prisma é o teor do julgado publicado no Informativo 542:

> DIREITO PENAL. APLICABILIDADE DO PERDÃO JUDICIAL NO CASO DE HOMICÍDIO CULPOSO NA DIREÇÃO DE VEÍCULO AUTOMOTOR. *O perdão judicial não pode ser concedido ao agente de homicídio culposo na direção de veículo automotor (art. 302 do CTB) que, embora atingido moralmente de forma grave pelas consequências do acidente, não tinha vínculo afetivo com a vítima nem sofreu sequelas físicas gravíssimas e permanentes.* Conquanto o perdão judicial possa ser aplicado nos casos em que o agente de homicídio culposo sofra sequelas físicas gravíssimas e permanentes, a doutrina, quando se volta para o sofrimento psicológico do agente, enxerga no §5º do art. 121 do CP a exigência de um laço prévio entre os envolvidos para reconhecer como "tão grave" a forma como as consequências da infração atingiram o agente. A interpretação dada, na maior parte das vezes, é no sentido de que só sofre intensamente o réu que, de forma culposa, matou alguém conhecido e com quem mantinha laços afetivos. O exemplo mais comumente lançado é o caso de um pai que mata culposamente o filho. Essa interpretação desdobra-se em um norte que ampara o julgador. Entender pela desnecessidade do vínculo seria abrir uma fenda na lei, não desejada pelo legislador. Isso porque, além de ser de difícil aferição o "tão grave" sofrimento, o argumento da desnecessidade do vínculo serviria para todo e qualquer caso de delito de trânsito com vítima fatal. Isso não significa dizer o que a lei não disse, mas apenas conferir-lhe interpretação mais razoável e humana, sem perder de vista o desgaste emocional que possa sofrer o acusado dessa espécie de delito, mesmo que não conhecendo a vítima. A solidarização com o choque psicológico do agente não pode conduzir a uma eventual banalização do instituto do perdão judicial, o que seria no mínimo temerário no atual cenário de violência no trânsito, que tanto se tenta combater. Como conclusão, conforme entendimento doutrinário, a desnecessidade da pena que esteia o perdão judicial deve, a partir da nova ótica penal e constitucional, referir-se à comunicação para a comunidade de que o intenso e perene sofrimento do infrator não justifica o reforço de vigência da norma por meio da sanção penal

---

[39] GRECO, Rogério. *Curso de Direito Penal.* 17. ed. Niterói: Impetus, 2015. v. I – Parte geral. p. 798.

(REsp 1.455.178-DF, Relator: Min. Rogerio Schietti Cruz, julgado em 5.6.2014). (Grifos nossos).

A propósito, calha ressaltar que o perdão judicial somente poderá ser aplicado quando existir um liame subjetivo entre o autor do crime e a vítima. Nesse sentido, havendo concurso formal de crimes (Ex.: réu, de forma imprudente, na condução de veículo automotor, causa, culposamente, a morte do filho e de um amigo de escola do filho), não há autorização para a extensão dos efeitos do perdão judicial concedido para um dos crimes (morte do filho), se não ficar comprovado em relação ao outro delito a existência do liame subjetivo entre acusado e a outra vítima fatal (morte do amigo do filho). Vejamos o que ficou consignado pelo Superior Tribunal de Justiça, no informativo 606:

> A matéria tratada nos autos consiste em averiguar a possibilidade de concessão do perdão judicial (art. 121, §5º do CP) a autor de crime culposo de trânsito, que, mediante uma única ação imprudente, leva duas vítimas a óbito, independentemente de haver prova de que mantivesse fortes vínculos afetivos com uma das vítimas fatais. Sob esse prisma, cumpre observar que, quando a avaliação está voltada para o sofrimento psicológico do autor do crime, a melhor doutrina enxerga no §5º do art. 121 do CP a exigência de um vínculo, de um laço prévio de conhecimento entre os envolvidos, para que seja "tão grave" a consequência ao agente a ponto de ser despicienda e até exacerbada outra pena, além da própria dor causada, intimamente, pelo dano provocado ao outro. No que toca ao instituto do concurso formal, ao se analisar a literalidade do art. 70 do CP, verifica-se que, a um primeiro olhar, trata-se de um sistema de exasperação da pena, ou seja, nos casos de concurso formal próprio ou homogêneo, a pena a ser aplicada deverá ser a de um dos delitos, aumentada de um sexto até a metade. Dessa forma, o percentual de aumento deve ter relação com o número de resultados e vítimas, e não com as circunstâncias do fato. Quis o legislador, com isso beneficiar o acusado ao lhe fixar somente uma das penas, mas acrescendo-lhe uma cota-parte que sirva para representar a punição por todos os delitos, porquanto derivados da mesma ação ou omissão do agente. Note-se, porém, que não há referência à hipótese de extensão da absolvição, da extinção da punibilidade, ou mesmo da redução da pena pela prática de nenhum dos delitos. Dispõe, entretanto, o art. 108 do Código Penal, in fine, que, "nos crimes conexos, a extinção da punibilidade de um deles não impede, quanto aos outros, a agravação da pena resultante da conexão". Assim, tratando-se o perdão judicial de uma causa de extinção de punibilidade excepcional, que somente é cabível quando presentes os requisitos necessários à sua concessão, esses preceitos de

índole atípica devem ser os balizadores precípuos para a aferição de sua concessão ou não, levando-se em consideração cada delito de per si, e não de forma generalizada, como nos casos em que se afiguram pluralidades de delitos decorrentes do concurso formal de crimes (REsp 1.444.699-RS, Relator: Min. Rogério Schietti Cruz, por unanimidade, julgado em 1.6.2017, *DJe* 9.6.2017).

Por fim, a par de divergências doutrinárias e jurisprudenciais sobre a natureza da sentença que concede o perdão judicial, o Superior Tribunal de Justiça editou a Súmula 18, que afirma que "a sentença concessiva de perdão judicial é declaratória da extinção da punibilidade, não subsistindo qualquer efeito condenatório".

CAPÍTULO 10

PRISÃO EM FLAGRANTE

Art. 301. Ao condutor de veículo, nos casos de acidentes de trânsito de que resulte vítima, não se imporá a prisão em flagrante, nem se exigirá fiança, se prestar pronto e integral socorro àquela.

O dispositivo em comento demonstra preocupação com a vítima do acidente de trânsito e, a reboque, concede benefícios ao agente delitivo que, após o acidente de trânsito, prestar pronto e integral socorro àquela.

Nos casos de acidente de trânsito, não é possível a imposição de prisão em flagrante nem de fiança ao autor do crime se este realizar o pronto e integral socorro à vítima. Contudo, caso não o faça, a omissão acarreta a aplicação da causa de aumento prevista no artigo 302, §1º, III, e artigo 303, parágrafo único, por demonstrar maior reprovabilidade e desumanidade em sua conduta.

CAPÍTULO 11

HOMICÍDIO CULPOSO NA DIREÇÃO DE VEÍCULO AUTOMOTOR

Seção II
Dos Crimes em Espécie
Art. 302. Praticar homicídio culposo na direção de veículo automotor: Penas – detenção, de dois a quatro anos, e suspensão ou proibição de se obter a permissão ou a habilitação para dirigir veículo automotor.
§1º No homicídio culposo cometido na direção de veículo automotor, a pena é aumentada de 1/3 (um terço) à metade, se o agente: (Incluído pela Lei nº 12.971, de 2014) (Vigência)
I – não possuir Permissão para Dirigir ou Carteira de Habilitação; (Incluído pela Lei nº 12.971, de 2014) (Vigência)
II – praticá-lo em faixa de pedestres ou na calçada; (Incluído pela Lei nº 12.971, de 2014) (Vigência)
III – deixar de prestar socorro, quando possível fazê-lo sem risco pessoal, à vítima do acidente; (Incluído pela Lei nº 12.971, de 2014) (Vigência)
IV – no exercício de sua profissão ou atividade, estiver conduzindo veículo de transporte de passageiros. (Incluído pela Lei nº 12.971, de 2014) (Vigência)
§2º Se o agente conduz veículo automotor com capacidade psicomotora alterada em razão da influência de álcool ou de outra substância psicoativa que determine dependência ou participa, em via, de corrida, disputa ou competição automobilística ou ainda de exibição ou demonstração de perícia em manobra de veículo automotor, não autorizada pela autoridade competente: (Incluído pela Lei nº 12.971, de 2014) (Vigência) (Revogado pela Lei nº 13.281, de 2016) (Vigência)
Penas – reclusão, de 2 (dois) a 4 (quatro) anos, e suspensão ou proibição de se obter a permissão ou a habilitação para dirigir veículo automotor. (Incluído pela Lei nº 12.971, de 2014) (Vigência) (Revogado pela Lei nº 13.281, de 2016) (Vigência)

> §3º Se o agente conduz veículo automotor sob a influência de álcool ou de qualquer outra substância psicoativa que determine dependência:
> Penas – reclusão, de cinco a oito anos, e suspensão ou proibição do direito de se obter a permissão ou a habilitação para dirigir veículo automotor. (Incluído pela Lei nº 13.546, de 2017)

11.1 Críticas ao Tipo Penal

O tipo penal previsto no artigo 302 do Código de Trânsito é alvo de intensa crítica doutrinária. Isso porque a sua redação não descreve adequadamente a conduta a ser realizada pelo agente delitivo, resvalando no princípio da taxatividade. O tipo penal afirma que a conduta incriminada é "praticar homicídio culposo", ao invés de dizer "matar alguém culposamente". Nesse sentido é o escólio de Damásio E. de Jesus:

> O conceito típico é criticável. Nunca houve maneira mais estranha de descrever delito. O verbo, que tecnicamente representa o núcleo do tipo, refletindo a ação ou a omissão, não menciona a conduta principal do autor. É "praticar". Ora, o comportamento do autor no homicídio culposo, para fins de definição típica, não consiste em "praticar homicídio culposo", e sim "matar alguém culposamente". O verbo típico é "matar"; não "praticar". O sujeito é punido não porque "praticou", mas sim porque "matou alguém". Autor é quem realiza a conduta contida no verbo do tipo, e não quem "pratica homicídio".[40]

Todavia, em que pese a falta de técnica legislativa na concepção do crime, é possível se extrair qual a conduta incriminada pela norma, sanando-se o equívoco da legislação pela via da interpretação judicial.

11.2 Constitucionalidade da Norma

A discussão da inconstitucionalidade do artigo 302 do Código de Trânsito cinge-se ao patamar de sua pena. Discute-se que há inconstitucionalidade, tendo em vista que o artigo 121, §3º, do Código Penal prevê conduta semelhante à do artigo 302, porém fixando pena menor. Enquanto o artigo 302 do CTB estabelece pena de 02 (dois) a

---

[40] JESUS, Damásio de. *Crimes de Trânsito*: Anotações à Parte Criminal. 8. ed. São Paulo: Saraiva, 2009. p. 71.

04 (quatro) anos, o artigo 121, §3º, do CP fixa a pena de 01 (um) a 03 (três) anos. Por esse motivo, existiria afronta ao princípio da isonomia, tratando-se de forma desigual em situações semelhantes.

O questionamento chegou ao Supremo Tribunal Federal, que, de forma acertada, reconheceu a constitucionalidade do artigo 302 do Código de Trânsito, no bojo do RE 428864/SP, o qual, por ser autoexplicativo, transcrevemos na íntegra:

> DIREITO PENAL. RECURSO EXTRAORDINÁRIO. HOMICÍDIO CULPOSO. DIREÇÃO DE VEÍCULO AUTOMOTOR. CONSTITUCIONALIDADE. ART. 302, PARÁGRAFO ÚNICO, LEI 9.503/97. IMPROVIMENTO. 1. A questão central, objeto do recurso extraordinário interposto, cinge-se à constitucionalidade (ou não) do disposto no art. 302, parágrafo único, da Lei nº 9.503/97 (Código de Trânsito Brasileiro), eis que passou a ser dado tratamento mais rigoroso às hipóteses de homicídio culposo causado em acidente de veículo. 2. É inegável a existência de maior risco objetivo em decorrência da condução de veículos nas vias públicas – conforme dados estatísticos que demonstram os alarmantes números de acidentes fatais ou graves nas vias públicas e rodovias públicas – impondo-se aos motoristas maior cuidado na atividade. 3. O princípio da isonomia não impede o tratamento diversificado das situações quando houver elemento de *discrímen* razoável, o que efetivamente ocorre no tema em questão. A maior freqüência de acidentes de trânsito, com vítimas fatais, ensejou a aprovação do projeto de lei, inclusive com o tratamento mais rigoroso contido no art. 302, parágrafo único, da Lei nº 9.503/97. 4. A majoração das margens penais – comparativamente ao tratamento dado pelo art. 121, §3º, do Código Penal – demonstra o enfoque maior no desvalor do resultado, notadamente em razão da realidade brasileira envolvendo os homicídios culposos provocados por indivíduos na direção de veículo automotor. 5. Recurso extraordinário conhecido e improvido.

11.3 Tipo Objetivo e Elemento Subjetivo

A conduta descrita no tipo penal do artigo 302 do Código de Trânsito é "praticar homicídio culposo". A par da falta de técnica legislativa na redação do dispositivo, deve-se entender que a conduta incriminada é "matar alguém culposamente". Portanto, a conduta a ser praticada pelo agente para incidir no tipo do artigo 302 é "matar".

Em relação aos sujeitos ativo e passivo, trata-se de crime comum, ou seja, qualquer pessoa pode ser autor ou vítima dessa infração penal.

O Código de Trânsito prevê apenas a modalidade culposa para o vertente crime. Caso o crime se constitua na modalidade dolosa, o agente responderá pelo artigo 121 do Código Penal, ainda que esteja na direção de veículo automotor.

Considerando se tratar de crime culposo, tem-se verdadeiro tipo penal aberto. Vale dizer, o legislador não tem condições de prever todas as possíveis condutas culposas a serem realizadas pelo agente. Dessa forma, fez-se a indicação pura e simples da modalidade culposa, sem pormenorizar a conduta típica.

Segundo Rogério Sanches da Cunha, crime culposo:

> consiste numa conduta voluntária que realiza um evento ilícito não querido ou aceito pelo agente, mas que lhe era previsível (culpa inconsciente) ou excepcionalmente previsto (culpa consciente) e que podia ser evitado se empregasse a cautela esperada.[41]

O Código Penal (art. 18, II) não conceitua culpa, contudo aponta quais são as suas possíveis modalidades, a saber: imperícia, imprudência e negligência.

Dá-se o crime de homicídio culposo na direção de veículo automotor sempre que o agente, rompendo com o dever de cuidado que lhe era exigido, emprega conduta imperita, imprudente ou negligente, causando a morte de alguém.

Imprudência é o agir sem precaução, afoito. Há a quebra dos mandamentos de conduta impostos pela experiência. É a culpa em sua modalidade positiva, denominando-se culpa *in faciendo*. Ex.: dirigir veículo automotor com excesso de velocidade.

Imperícia é a falta de aptidão técnica para realização da conduta. Nos dizeres de Edilson Mougenot Bonfim e Fernando Capez:

> representa-se costumeiramente pela falta de conhecimento ou habilitação para o exercício de determinado mister. Exemplos: médico que vai curar uma ferida e amputa a perna; atirador de elite que mata a vítima em vez de acertar o criminoso etc. Se a imperícia advier de pessoa que não exerce arte ou profissão, haverá imprudência.[42]

---

[41] CUNHA, Rogério Sanches. *Manual de Direito Penal*. Parte Geral (arts. 1º ao 120). Salvador: JusPodivm, 2013. p. 179.

[42] BONFIM, Edilson; CAPEZ, Fernando. *Direito Penal*. Parte Geral. São Paulo: Saraiva, 2004. p. 404.

Negligência é a falta de cuidado, a ausência de precaução. Trata-se da culpa em sua modalidade omissiva. É a hipótese em que o agente deixa de tomar as cautelas mínimas antes de agir.

Em regra, a violação dos deveres de cuidado decorre da não observância das normas de trânsito (ultrapassar na faixa contínua, dirigir embriagado, exceder a velocidade, trafegar na contramão de direção etc.). Todavia, é bom que se diga que, em determinados casos, ainda que se observe a regulamentação do trânsito, é possível que a conduta culposa derive que outra fonte. Fernando Capez explica e exemplifica a questão:

> Estas, entretanto, não constituem as únicas hipóteses de reconhecimento do crime culposo, pois o agente, ainda que não desrespeite as regras disciplinares do Código, pode agir com inobservância do cuidado necessário e, assim, responder pelo crime. A ultrapassagem, por exemplo, se feita em local permitido, não configura infração administrativa, mas, se for efetuada sem a necessária atenção, pode dar causa a acidente e implicar crime culposo.[43]

Salienta-se que o crime de homicídio culposo na direção de veículo automotor deve, necessariamente, estar rodeado pelos predicados da imprudência, imperícia ou negligência. Vale dizer, o fato de ter acontecido uma morte durante a condução de veículo automotor não acarreta, por si só, o referido crime. É mister que o condutor pratique a conduta aviltando os deveres de cuidado mencionados. Isso é importante, porque a peça acusatória deve narrar exatamente qual a conduta culposa perpetrada pelo motorista (se imperita, imprudente ou negligente), sob pena de ser reconhecida sua inépcia. Nesse sentido, é a posição do Superior Tribunal de Justiça, em aresto publicado no Informativo 553:

> DIREITO PROCESSUAL PENAL. INÉPCIA DE DENÚNCIA QUE IMPUTE A PRÁTICA DE CRIME CULPOSO. *É inepta a denúncia que imputa a prática de homicídio culposo na direção de veículo automotor (art. 302 da Lei 9.503/1997) sem descrever, de forma clara e precisa, a conduta negligente, imperita ou imprudente que teria gerado o resultado morte, sendo insuficiente a simples menção de que o suposto autor estava na direção do veículo no momento do acidente. Isso porque é ilegítima a persecução criminal*

---

[43] CAPEZ, Fernando. *Curso de Direito Penal*. 11. ed. São Paulo: Saraiva, 2016. v. 4 – Legislação pena especial. p. 306.

quando, comparando-se o tipo penal apontado na denúncia com a conduta atribuída ao denunciado, não se verificar o preenchimento dos requisitos do art. 41 do CPP, necessários ao exercício do contraditório e da ampla defesa. De fato, não se pode olvidar que o homicídio culposo se perfaz com a ação imprudente, negligente ou imperita do agente, modalidades de culpa que devem ser descritas na inicial acusatória, sob pena de se punir a mera conduta de envolver-se em acidente de trânsito, algo irrelevante para o Direito Penal. A imputação, sem a observância dessas formalidades, representa a imposição de indevido ônus do processo ao suposto autor, ante a ausência da descrição de todos os elementos necessários à responsabilização penal decorrente da morte da vítima. Configura, ademais, responsabilização penal objetiva, derivada da mera morte de alguém, em razão de acidente causado na direção de veículo automotor (HC 305.194-PB, Relator: Min. Rogerio Schietti Cruz, julgado em 11.11.2014, DJe 1º.12.2014). (Grifos nossos).

Havendo culpa exclusiva da vítima, não há que se falar em homicídio culposo na direção de veículo automotor, tendo em vista que não existirá violação ao dever de cuidado.

É válido frisar que o direito penal não contempla a chamada compensação de culpa. Vale dizer, caso réu e vítima tenham agido com parcela de culpa, ambos dando causa ao evento criminoso, não é possível afastar a responsabilidade penal do condutor do veículo, pois as culpas não se compensam. Sobre a inadmissibilidade da compensação de culpa como causa excludente do crime, a jurisprudência é pacífica:

AGRAVO REGIMENTAL NO AGRAVO DE INSTRUMENTO. ART. 302 DO CÓDIGO DE TRÂNSITO BRASILEIRO. EXISTÊNCIA DE AÇÃO CÍVEL JULGADA IMPROCEDENTE. INTERFERÊNCIA NO JULGAMENTO CRIMINAL. ABSOLVIÇÃO PELA REGRA DE JULGAMENTO IN DUBIO PRO REO. AUSÊNCIA DE INDICAÇÃO DOS DISPOSITIVOS LEGAIS VIOLADOS. SÚMULA 284/STF. PLEITO DE ABSOLVIÇÃO PELO RECONHECIMENTO DA CULPA EXCLUSIVA DA VÍTIMA. IMPOSSIBILIDADE. SÚMULA 7/STJ. COMPENSAÇÃO DE CULPAS. INAPLICABILIDADE NO ÂMBITO PENAL. AGRAVO REGIMENTAL IMPROVIDO. 1. A ausência de indicação dos dispositivos legais violados importa em deficiência de fundamentação do recurso especial a atrair o óbice constante da Súmula 284/STF. 2. A intervenção do STJ, Corte de caráter nacional, é destinada a firmar interpretação geral do Direito Federal para todo o país e não para a revisão de questões de interesse individual. A revaloração da prova deve ser suscitada para provocar uma manifestação desta Corte quanto a teses jurídicas abstratas que envolvam interpretação do direito infraconstitucional. 3. Impossível afastar o óbice do enunciado n. 7/STJ da pretensão do agravante de ver reconhecida a culpa exclusiva da vítima no acidente ocorrido. *4. O Direito Penal não admite a compensação de culpas como causa excludente da culpabilidade do agente. 5.* Agravo regimental a que se nega provimento (AgRg no Agravo de Instrumento nº 1.153.407 – SP, STJ). (Grifos nossos).

Para configuração do crime, exige-se que o agente esteja na direção do veículo automotor, significando dizer que, caso um veículo estacionado em via pública desça a ladeira, atropele e mate um pedestre, não haverá o crime do artigo 302 do Código de Trânsito (pois este exige que o agente esteja na direção do veículo automotor). Nessa situação, o dono do carro responderá pelo homicídio culposo do artigo 121, §3º, do Código Penal. Contudo, o Código de Trânsito não exige que a prática da conduta seja realizada em via pública, caracterizando o crime mesmo que praticado em área privada, dentro de um condomínio, em uma garagem etc.

11.4 Princípio da Confiança

A tipicidade do crime de homicídio culposo na direção de veículo automotor passa pela análise do princípio da confiança.

O princípio da confiança funda-se na premissa de que as pessoas devem se comportar de forma responsável, agindo de forma prudente e calcadas em regras de boa convivência em sociedade, evitando causar risco ou prejuízo a terceiros. Tomamos como exemplo o seguinte: o motorista dirige seu veículo em via preferencial, confiando que o motorista que conduz seu veículo na via secundária não adentrará em sua pista. André Estefam conceitua e exemplifica o referido princípio:

> Uma pessoa não pode ser punida quando, agindo corretamente e na confiança de que o outro também assim se comportará, dá causa a um resultado não desejado (ex.: o médico que confia em sua equipe não pode ser responsabilizado pela utilização de uma substância em dose equivocada, se para isso não concorreu; o motorista que conduz seu automóvel cuidadosamente confia que os pedestres se manterão na calçada e somente atravessarão a rua quando não houver movimento de veículos, motivo pelo qual não comete crime se atropela um transeunte que se precipita repentinamente para a via trafegável).[44]

---

[44] ESTEFAM, André. *Direito Penal*. 4. ed. São Paulo: Saraiva, 2015. v. 1 – Parte geral. p. 139.

Esse princípio rege a vida em sociedade, pois não se pode exigir que o cidadão seja o fiscal das boas maneiras alheias. Impor-se-ia às pessoas ônus por demais gravoso se se exigisse delas que se comportassem de forma a prever todas as condutas não confiáveis das outras. Assim, o que se espera é que todos ajam de acordo com as normas de boa convivência e de normalidade.

Desse modo, aquele que, agindo em conformidade com o direito, pratica homicídio culposo na direção de veículo automotor em razão da imprudência alheia (quebra do princípio da confiança) não incorre no delito do artigo 302 do Código de Trânsito.

Entretanto, Fernando Capez faz um importante alerta sobre o abuso da situação de confiança (ou confiança proibida), a qual não exclui o delito:

> O princípio da confiança, contudo, não se aplica quando era função do agente compensar eventual comportamento defeituoso de terceiros. Por exemplo: um motorista que passa bem ao lado de um ciclista não tem por que esperar uma súbita guinada deste em sua direção, mas deveria ter-se acautelado para não passar tão próximo, a ponto de criar uma situação de perigo. Como atuou quebrando a expectativa social de cuidado, a confiança que depositou na vítima se qualifica como proibida: é o chamado abuso da situação de confiança. (...) *Em suma, se o comportamento do agente se deu dentro do que dele se esperava, a confiança é permitida; quando há abuso de sua parte em usufruir da posição de que desfruta, incorrerá em fato típico.*[45]

11.5 Dolo Eventual e Culpa Consciente

Uma das discussões que permeiam o crime de homicídio na direção de veículo automotor é se, em determinadas hipóteses, em especial do "racha" ou se o condutor estiver embriagado, estar-se-ia diante de homicídio culposo na direção de veículo automotor (art. 302 do CTB) ou de homicídio doloso (art. 121 do Código Penal). Vejamos os seguintes exemplos ilustrativos:

1) Um condutor de veículo automotor em estado de embriaguez alcoólica atravessa o sinal vermelho e atropela o pedestre que

---

[45] CAPEZ, Fernando. *Curso de Direito Penal*. 11. ed. São Paulo: Saraiva, 2016. v. 4 – Legislação pena especial. p. 307-308, grifo no original.

atravessava a via na faixa. Responderá por homicídio culposo ou doloso (a título de dolo eventual)?

2) Um motorista, disputando corrida não autorizada em via pública, passa em frente a uma escola e atropela vários alunos que estavam saindo da aula. Responderá por homicídio culposo ou doloso (a título de dolo eventual)?

A resposta a essas perguntas passa pela análise do dolo eventual e da culpa consciente.

Na culpa consciente, com previsão ou *ex lascivia*, o agente prevê o resultado, contudo espera que ele não ocorra, pois acredita poder evitá-lo em razão de suas habilidades pessoais. Na culpa consciente, o agente acredita sinceramente que irá conseguir evitar o resultado.

Por sua vez, no dolo eventual, apesar de o agente não querer o resultado, ele assume o risco de produzi-lo. Nessa modalidade, embora o agente não queira diretamente o resultado, pouco importa se ele irá acontecer ou não.

Sobre a diferença entre dolo eventual e culpa consciente, Silvio Maciel faz valiosas observações:

> Como dito acima, tanto no dolo eventual quanto na culpa consciente, o agente *prevê efetivamente* a possibilidade do resultado e mesmo assim continua a realizar a conduta. Mas, sem embargo dessa semelhança, há uma diferença fundamental entre as duas hipóteses: no dolo eventual o agente "assume" (leia-se: aceita) causar o resultado, ou seja, ele não se importa se tal resultado ocorrer e vitimar pessoas. No seu íntimo o infrator imagina: "eu não estou nem aí se eu matar, ferir etc.; eu não quero isso, mas se isso acontecer azar da vítima"; na culpa consciente tudo se passa de forma bem diferente: o agente não aceita jamais a ocorrência do resultado. Ele, na verdade, atua com confiança nas próprias habilidades, na certeza de que "apesar do risco", nada acontecerá naquele momento. No seu íntimo o infrator pensa: "o que estou fazendo é arriscado, mas com absoluta certeza nada acontecerá".[46]

---

[46] MACIEL, Silvio. *Acidentes de trânsito*: Dolo eventual ou culpa consciente? STF respondeu. *Jusbrasil*, 2011. Disponível em: https://silviomaciel.jusbrasil.com.br/artigos/121819106/acidentes-de-transito-dolo-eventual-ou-culpa-consciente-stf-respondeu. Acesso em: 20 jul. 2019. Grifo do original.

Vejamos o seguinte quadro comparativo:

	Consciência	Vontade
Culpa Consciente	O agente prevê o resultado	Acredita poder evitar o resultado em razão de suas habilidades pessoais (não quer e não aceita/assume o risco pelo resultado)
Dolo Eventual	O agente prevê o resultado	Assume o risco pelo resultado (pouco importa se ele irá acontecer ou não)

Importante mencionar a ressalva feita por Rogério Greco de que a devida classificação do delito como doloso ou culposo depende do caso concreto, não sendo uma receita de bolo ou fórmula matemática:

> Com isso queremos salientar que nem todos os casos em que houver a fórmula embriaguez + velocidade excessiva haverá dolo eventual. Também não estamos afirmando que não há possibilidade de ocorrer tal hipótese. Só a estamos rejeitando como uma fórmula matemática, absoluta.[47]

Diante dessas premissas, é possível responder aos questionamentos feitos acima. E a resposta é simples: depende do caso concreto. Nesse sentido, recente decisão do Supremo Tribunal Federal sobre o tema:

> EMENTA: *HABEAS CORPUS*. AÇÃO PENAL. HOMICÍDIO NA DIREÇÃO DE VEÍCULO AUTOMOTOR. DENÚNCIA POR HOMICÍDIO DOLOSO. EMBRIAGUEZ AO VOLANTE. PRETENSÃO DE DESCLASSIFICAÇÃO PARA DELITO CULPOSO. EXAME DO ELEMENTO SUBJETIVO. ANÁLISE DE MATÉRIA FÁTICO PROBATÓRIA. INVIABILIDADE DA VIA. NECESSIDADE DE ENFRENTAMENTO INICIAL PELO JUÍZO COMPETENTE. TRIBUNAL DO JÚRI. ORDEM DENEGADA. 1. Apresentada denúncia por homicídio na condução de veículo automotor, na modalidade de dolo eventual, havendo indícios mínimos que apontem para o elemento subjetivo descrito, tal qual a embriaguez ao volante, a alta velocidade e o acesso à via pela contramão, não há que se falar em imediata desclassificação para crime culposo antes da análise a ser perquirida pelo Conselho de Sentença do Tribunal do Júri. 2. O enfrentamento acerca do elemento subjetivo do delito de

---

[47] GRECO, Rogério. *Curso de Direito Penal*. 17. ed. Niterói: Impetus, 2015. v. I – Parte geral. p. 263.

homicídio demanda profunda análise fático-probatória, o que, nessa medida, é inalcançável em sede de *habeas corpus*. 3. Ordem denegada, revogando-se a liminar anteriormente deferida (Habeas Corpus 121.654 Minas Gerais – STF. Data: 21.06.2016).

Todavia, deve-se frisar que os Tribunais Superiores têm entendido de forma majoritária que, na hipótese de crime de homicídio na direção de veículo automotor quando o condutor estiver embriagado, deve-se reconhecer a culpa consciente, incidindo na incriminação do artigo 302 do Código de Trânsito. Além do mais, aduziu-se que a responsabilização a título doloso no contexto de embriaguez alcoólica dá-se apenas quando esta for preordenada, ou seja, o agente se embebedou para praticar a infração penal ou assumiu o risco de produzi-la. Vejamos o emblemático aresto:

PENAL. HABEAS CORPUS. TRIBUNAL DO JÚRI. PRONÚNCIA POR HOMICÍDIO QUALIFICADO A TÍTULO DE DOLO EVENTUAL. DESCLASSIFICAÇÃO PARA HOMICÍDIO CULPOSO NA DIREÇÃO DE VEÍCULO AUTOMOTOR. EMBRIAGUEZ ALCOÓLICA. ACTIO LIBERA IN CAUSA. AUSÊNCIA DE COMPROVAÇÃO DO ELEMENTO VOLITIVO. REVALORAÇÃO DOS FATOS QUE NÃO SE CONFUNDE COM REVOLVIMENTO DO CONJUNTO FÁTICO-PROBATÓRIO. ORDEM CONCEDIDA. 1. A classificação do delito como doloso, implicando pena sobremodo onerosa e influindo na liberdade de ir e vir, mercê de alterar o procedimento da persecução penal em lesão à cláusula do *due process of law*, é reformável pela via do habeas corpus. 2. O homicídio na forma culposa na direção de veículo automotor (art. 302, *caput*, do CTB) prevalece se a capitulação atribuída ao fato como homicídio doloso decorre de mera presunção ante a embriaguez alcoólica eventual. 3. A embriaguez alcoólica que conduz à responsabilização a título doloso é apenas a preordenada, comprovando-se que o agente se embebedou para praticar o ilícito ou assumir o risco de produzi-lo. 4. In casu, do exame da descrição dos fatos empregada nas razões de decidir da sentença e do acórdão do TJ/SP, não restou demonstrado que o paciente tenha ingerido bebidas alcoólicas no afã de produzir o resultado morte. 5. A doutrina clássica revela a virtude da sua justeza ao asseverar que "O anteprojeto Hungria e os modelos em que se inspirava resolviam muito melhor o assunto. O art. 31 e §§1º e 2º estabeleciam: 'A embriaguez pelo álcool ou substância de efeitos análogos, ainda quando completa, não exclui a responsabilidade, salvo quando fortuita ou involuntária. §1º. Se a embriaguez foi intencionalmente procurada para a prática do crime, o agente é punível a título de dolo; §2º. Se, embora não preordenada, a embriaguez é voluntária e completa e o agente previu e podia prever que, em tal estado, poderia vir a cometer crime, a pena é aplicável a título de culpa, se a este título é punível o fato'". (Guilherme Souza Nucci, Código Penal Comentado, 5. ed. rev. atual. e ampl. – São Paulo: RT, 2005, p. 243). 6. A revaloração jurídica dos fatos postos nas instâncias inferiores não se confunde com o revolvimento do conjunto fático-probatório. Precedentes: HC 96.820/SP, Relator: Min. Luiz Fux, j. 28.6.2011; RE 99.590, Relator: Min. Alfredo Buzaid, *DJ* de 6.4.1984; RE 122.011, relator o Ministro Moreira Alves, *DJ* de 17.8.1990. 7. A Lei nº 11.275/06 não se aplica ao caso em exame, porquanto não se revela lex mitior, mas, ao revés, previu causa de aumento de pena para o crime sub judice e em tese praticado, configurado como homicídio culposo na direção de veículo automotor (art. 302, *caput*, do CTB). 8. Concessão da ordem para desclassificar a conduta imputada ao paciente para homicídio culposo na direção de veículo automotor (art. 302, *caput*, do CTB), determinando a remessa dos autos à Vara Criminal da Comarca de Guariba/SP (HC 107801 SP – STF).

Ainda no mesmo propósito, a Lei nº 13.546/17 incluiu ao artigo 302 o §3º, qualificando o crime de homicídio culposo se o agente conduzir veículo automotor sob a influência de álcool ou de qualquer outra substância psicoativa que determine dependência. Nesse caso, as penas serão de reclusão, de 5 (cinco) a 8 (oito) anos, e suspensão ou proibição do direito de se obter a permissão ou a habilitação para dirigir veículo automotor.

Mesmo com a entrada em vigor da Lei nº 13.546/17, as ponderações sobre dolo eventual e culpa consciente permanecem válidas, pois somente o caso concreto irá dizer se se trata do crime culposo do Código de Trânsito ou do homicídio doloso do Código Penal. O que a novel legislação fez foi criar uma qualificadora para o homicídio culposo na direção de veículo automotor, ou seja, constatando-se que o agente, agindo culposamente, praticou homicídio na direção de veículo automotor estando sob influência de álcool ou de qualquer outra substância psicoativa que determine dependência, a pena a ele aplicada será mais grave.

Já em relação ao crime praticado no contexto de "racha", tem-se reconhecido majoritariamente o dolo eventual, no sentido de que o agente tem previsão da ocorrência de resultados lesivos, pouco se importando com a realização ou não deles. Sendo assim, prevalece na jurisprudência dos Tribunais Superiores que se trata de homicídio doloso. Vejamos:

(...) IV – ELEMENTO SUBJETIVO DO TIPO 11. O caso *sub judice* distingue-se daquele revelado no julgamento do HC nº 107801 (Relator: Min. Luiz Fux, 1ª Turma, *DJ* de 13.10.2011), que cuidou de paciente sob o efeito de bebidas alcoólicas, hipótese na qual gravitava o tema da imputabilidade, superada tradicionalmente na doutrina e na jurisprudência com a aplicação da teoria da *actio libera in causa,* viabilizando a responsabilidade penal de agentes alcoolizados em virtude de ficção que, levada às últimas consequências, acabou por implicar em submissão automática ao Júri em se tratando de homicídio na direção de veículo automotor. 12. A banalização do crime de homicídio doloso, decorrente da sistemática aplicação da teoria da "ação livre na causa" mereceu, por esta Turma, uma reflexão maior naquele julgado, oportunidade em que se limitou a aplicação da mencionada teoria aos casos de embriaguez preordenada, na esteira da doutrina clássica. 13. A precompreensão no sentido de que todo e qualquer homicídio praticado na direção de veículo automotor é culposo, desde não se trate de embriaguez preordenada, é assertiva que não se depreende do julgado no HC nº 107801. 14. A diferença entre o dolo eventual e a culpa consciente encontra-se no elemento volitivo que, ante a impossibilidade de penetrar-se na *psique* do agente, exige a observação de todas as circunstâncias objetivas do caso concreto, sendo certo que, em ambas as situações, ocorre a representação do resultado pelo agente. 15. Deveras, tratando-se de culpa consciente, o agente pratica o fato ciente de que o resultado lesivo, embora previsto por ele, não ocorrerá. Doutrina de Nelson Hungria (Comentários ao Código Penal, 5. ed. Rio de Janeiro: Forense, 1980, v. 1., p. 116-117); Heleno Cláudio Fragoso (Lições de Direito Penal – parte geral, Rio de Janeiro: Forense, 2006, 17. ed., p. 173 – grifo adicionado) e Zaffaroni e Pierangelli (Manual de Direito Penal, Parte Geral, v. 1, 9. ed – São Paulo: RT, 2011, pp. 434-435 – grifos adicionados). 16. A cognição empreendida nas instâncias originárias demonstrou que o paciente, ao lançar-se em práticas de expressiva periculosidade, em via pública, mediante alta velocidade, consentiu em que o resultado se produzisse, incidindo no dolo eventual previsto no art. 18, inciso I, segunda parte, *verbis:* ("<u>Diz-se o crime: I – doloso, quando o agente quis o resultado ou assumiu o risco de produzi-lo</u>" – grifei). 17. A notória periculosidade dessas práticas de competições automobilísticas em vias públicas gerou a edição de legislação especial prevendo-as como crime autônomo, no art. 308 do CTB, *in verbis*: "Art. 308. Participar, na direção de veículo automotor, em via pública, de corrida, disputa ou competição automobilística não autorizada pela autoridade competente, desde que resulte dano potencial à incolumidade pública ou privada:". 18. O art. 308 do CTB é crime doloso de perigo concreto que, se concretizado em lesão corporal ou homicídio, progride para os crimes dos artigos 129 ou 121, em sua forma dolosa, porquanto seria um contra-senso transmudar um delito doloso em culposo, em razão do advento de um resultado mais grave. Doutrina de José Marcos Marrone (Delitos de Trânsito Brasileiro: Lei n. 9.503/97. São Paulo: Atlas, 1998, p. 76). 19. É cediço na Corte que, em se tratando de homicídio praticado na direção de veículo automotor em decorrência do chamado "racha", a conduta configura homicídio doloso. Precedentes: HC 91159/MG, Relator: Min. Ellen Gracie, 2ª Turma, DJ de 24.10.2008; HC 71800/RS, Relator: Min. Celso de Mello, 1ªTurma, DJ de 3.5.1996. 20. A conclusão externada nas instâncias originárias no sentido de que o paciente participava de "pega" ou "racha", empregando alta velocidade, momento em que veio a colher a vítima em motocicleta, impõe reconhecer a presença do elemento volitivo, vale dizer, do dolo eventual no caso concreto. 21. A valoração jurídica do fato distingue-se da aferição do mesmo, por isso que o exame da presente questão não se situa no âmbito do revolvimento do conjunto fático-probatório, mas importa em mera revaloração dos fatos postos nas instâncias inferiores, o que viabiliza o conhecimento do *habeas corpus*. Precedentes: HC 96.820/SP, Relator: Min. Luiz Fux, j. 28.6.2011; RE 99.590, Relator: Min. Alfredo Buzaid, DJ de 6.4.1984; RE 122.011, relator o Ministro Moreira Alves, DJ de 17.8.1990. 22. Assente-se, por fim, que a alegação de que o Conselho de Sentença teria rechaçado a participação do corréu em "racha" ou "pega" não procede, porquanto o que o Tribunal do Júri afastou com relação àquele foi o dolo ao responder negativamente ao quesito: "Assim agindo, o acusado assumiu o risco de produzir o resultado morte na vítima?", concluindo por prejudicado o quesito alusivo à participação em manobras perigosas. (...) (HC 101698/ RJ, Relator: Min. Luiz Fux, 18.10.2011). (Grifos nossos).

11.6 Concurso de Pessoas e Crime de Mão Própria

Prevalece o entendimento na doutrina de que é possível o concurso de pessoas nos delitos culposos, desde que os agentes estejam vinculados subjetivamente e, dessa forma, ajam de forma imperita, imprudente ou negligente. Obviamente, o vínculo subjetivo não se direciona à prática da infração penal (pois o resultado no crime culposo não é querido nem aceito pelo agente), mas sim à própria conduta culposa (Ex.: o passageiro incentiva que o condutor dirija o carro em alta velocidade, e não que atropele o pedestre). Contudo, o concurso de pessoas nos crimes culposos somente é aceito na modalidade coautoria, afastando-se a modalidade participação, tendo em vista que todo e qualquer ato que acarrete resultado involuntário amolda-se à conduta desenvolvida pelo autor (e não por partícipe). Entende-se, portanto, que os atos de auxílio, instigação ou indução, nos crimes culposos, geram a figura da coautoria (e não da participação). Nesse sentido, Miguel Reale Júnior tece profícuas observações:

> O comportamento culposo, como já analisei, constitui, com conhecimento da situação, a prática de uma ação sem o devido cuidado, sendo possível um acordo de vontades, de duas ou mais pessoas, no sentido de, nas circunstâncias concretas, deixar de respeitar a diligência que a experiência normal recomenda, em desprezo a este dever.
>
> Como este dever de diligência é geral, exigível de toda e qualquer pessoa naquela situação, parte da doutrina entende que não há diferenciação entre autor e participe, pois não cumpre, por exemplo, apenas ao motorista do carro o respeito ao necessário cuidado, mas também ao acompanhante, que, se instiga, nem por isso é apenas cumplice, mas também autor, coautor.[48]

Diante dessas considerações, temos, por exemplo, que o passageiro que incentiva o motorista a conduzir o veículo de forma imprudente, avançando vias preferenciais em alta velocidade, acarretando o atropelamento do pedestre, é coautor do crime de homicídio culposo na direção de veículo automotor.

De outra banda, Eugênio Pacelli e André Calegari trazem importantes lições acadêmicas quanto ao delito do artigo 302 do Código de Trânsito Brasileiro, aduzindo que, na verdade, o referido delito deve ser classificado como crime de mão própria ou de conduta infungível, uma vez que o tipo penal afirma que o homicídio culposo deve ser praticado "na direção" de veículo automotor. Dessa forma, é necessário que o próprio autor realize a conduta incriminada por si mesmo, não sendo possível a terceirização dos atos executórios, afastando, por conseguinte, a figura do concurso de pessoas, seja na modalidade coautoria ou participação.

De acordo com essa concepção, que ao nosso ver parece a mais correta, não há como se imputar a título de autoria ou coautoria do art. 302 do Código de Trânsito Brasileiro a conduta do passageiro que "instiga" o motorista a descumprir o dever de cuidado objetivo e acaba produzindo o resultado morte, isso porque se trata de um delito de mão própria e, nesse caso, o passageiro não realiza a conduta; no art. 302 CTB será tão

---

[48] REALE JR., Miguel. *Instituições de Direito Penal*. Parte Geral. 4. ed. Rio de Janeiro: Forense, 2012. p. 319.

somente o motorista (delito de mão própria); qualquer outra intervenção neste delito não pode justificar a imputação no tipo penal em destaque.[49]

E arremata encaminhando duas soluções jurídicas em relação à punição do passageiro que instiga o motorista a realizar manobras imprudentes:

(...) Plantado o problema, deve-se buscar uma solução. Em recente e elogiável trabalho sobre o tema, o Prof. Pedrotti conclui que diante da dogmática brasileira o motorista que causa a morte ou a lesão responde pelo direito previsto no Código de Trânsito brasileiro, e o passageiro que está ao lado e que instiga a não obedecer ao dever de cuidado objetivo responde pelo delito no Código Penal (...).

(...) De acordo com essa concepção, que ao nosso ver parece a mais correta, não há como se imputar a título de autoria ou coautoria do art. 302 do Código de Trânsito Brasileiro a conduta do passageiro que "instiga" o motorista a descumprir o dever de cuidado objetivo e acaba produzindo o resultado morte, isso porque se trata de um delito de mão própria e, nesse caso, o passageiro não realiza a conduta; no art. 302 CTB será tão somente o motorista (delito de mão própria); qualquer outra intervenção neste delito não pode justificar a imputação no tipo penal em destaque (...).

11.7 Causas de Aumento de Pena

Inicialmente, deve-se alertar que algumas das majorantes previstas no artigo 302, §1º, do Código de Trânsito também são previstas no artigo 298 do mesmo Código como circunstâncias agravantes. Nessas hipóteses, deve o magistrado aplicar apenas as causas de aumento, a fim de evitar *bis in idem*.

No homicídio culposo cometido na direção de veículo automotor, aumenta-se a pena de 1/3 (um terço) a 1/2 (metade) se o agente: não possuir Permissão para Dirigir ou Carteira de Habilitação; praticá-lo em faixa de pedestres ou na calçada; deixar de prestar socorro, quando possível fazê-lo sem risco pessoal, à vítima do acidente; ou no exercício de sua profissão ou atividade, estiver conduzindo veículo de transporte de passageiros.

---

[49] PACELLI, Eugênio; CALLEGARI, André. *Manual de Direito Penal*. Parte Geral. 3. ed. São Paulo: Atlas, 2017. p. 390-391.

11.7.1 Não possuir Permissão para Dirigir ou Carteira de Habilitação

A fim de evitar repetições desnecessárias, remete-se o amigo leitor ao item 8.3, o qual trata sobre esse tema.

Para complementar, deve-se frisar que parte minoritária da doutrina entende, sem razão, que o reconhecimento dessa causa de aumento de pena é hipótese de responsabilidade penal objetiva, tendo em vista que a majorante não guarda nenhuma relação de causa e efeito entre a conduta culposa e a exasperação da pena, presumindo-se maior grau de culpa do condutor por estar inabilitado.[50]

Contudo, tal argumento não deve ser admitido, uma vez que o Código de Trânsito Brasileiro exige que o motorista tenha capacidade para conduzir veículo automotor, sendo que, para isso, determina a realização de testes de aptidão (teóricos e práticos) para aquisição da permissão para dirigir. Portanto, aquele que pratica crime de trânsito e não possui a devida permissão ou habilitação para dirigir, obviamente, tem uma conduta mais reprovável, pois não apresenta qualificações mínimas para enfrentar o trânsito, aumentando o risco de acidente e reduzindo a segurança viária de forma irresponsável.

Desse modo, não se trata de responsabilidade penal objetiva, o que é inadmissível no Direito Penal. Trata-se, simplesmente, de uma condição pessoal do condutor que acarreta maior grau de censura na conduta criminosa desenvolvida.

Consigne-se, por fim, que o crime de dirigir sem habilitação é absorvido pelo delito de lesão corporal culposa em direta aplicação do princípio da consunção. Isso porque, de acordo com o Código de Trânsito, o fato de o agente não possuir permissão para dirigir ou carteira de habilitação é causa de aumento de pena para o crime de lesão corporal culposa na direção de veículo automotor (e também para o crime de homicídio culposo na direção de veículo automotor). Assim, em decorrência da vedação de *bis in idem*, não se pode admitir que o mesmo fato seja atribuído ao condutor como crime autônomo e, simultaneamente, como causa especial de aumento de pena. Nesse sentido, já decidiu o Supremo Tribunal de Federal.

---

[50] MARQUES, Oswaldo Henrique Duek. Crimes culposos no novo Código de Trânsito. *Boletim IBCCRIM*, São Paulo, n. 66, p. 12, maio 1998.

Crime de dirigir sem habilitação e lesão corporal culposa na direção de veículo. (...)A Turma consignou que o crime de dirigir sem habilitação seria absorvido pelo delito de lesão corporal culposa em direta aplicação do princípio da consunção. Isso porque, de acordo com o CTB, já seria causa de aumento de pena para o crime de lesão corporal culposa na direção de veículo automotor o fato de o agente não possuir permissão para dirigir ou carteira de habilitação. Assim, em decorrência da vedação de "bis in idem", não se poderia admitir que o mesmo fato fosse atribuído ao paciente como crime autônomo e, simultaneamente, como causa especial de aumento de pena. Além disso, o crime do art. 303 do CTB, imputado ao paciente, seria de ação pública condicionada à representação, que, como se inferiria da própria nomenclatura, só poderia ser perseguido mediante a representação do ofendido. Diante da ausência de representação, seria imperativo reconhecer a extinção da punibilidade do crime de dirigir sem habilitação (HC 128921/RJ, Relator: Min. Gilmar Mendes, 25.8.2015). (Grifos nossos).

11.7.2 Praticar em Faixa de Pedestres ou na Calçada

A fim de evitar repetições desnecessárias, remete-se o amigo leitor ao item 8.7, o qual trata sobre esse tema.

Acrescente-se que a presente causa de aumento, além da faixa de pedestre, engloba também o crime praticado na calçada. Segundo o Anexo I do Código de Trânsito Brasileiro, calçada é a "parte da via, normalmente segregada e em nível diferente, não destinada à circulação de veículos, reservada ao trânsito de pedestres e, quando possível, à implantação de mobiliário urbano, sinalização, vegetação e outros fins".

Assim, aplica-se a presente majorante tanto ao motorista que perde o controle do carro em via pública e atinge o pedestre que transita na calçada quanto para aquele que, em razão de sua desatenção, sai da garagem ou realiza qualquer outro tipo de manobra e colhe o pedestre na calçada.

11.7.3 Deixar de Prestar Socorro, quando Possível Fazê-lo sem Risco Pessoal, à Vítima do Acidente

Aumenta-se a pena se o condutor deixar de prestar socorro, quando possível fazê-lo sem risco pessoal, à vítima do acidente. O legislador demonstrou muita preocupação com a vítima do acidente de trânsito, exasperando a pena do condutor que não preste socorro a ela. Tamanho foi o incentivo que o artigo 301 do Código de Trânsito estatui que "ao condutor de veículo, nos casos de acidentes de trânsito de que resulte vítima, não se imporá a prisão em flagrante, nem se exigirá fiança, se prestar pronto e integral socorro àquela". Para a incidência dessa causa de aumento, é necessário que o condutor do veículo tenha praticado a conduta culposa do artigo 302 ou 303 do Código de Trânsito. Vale dizer, se o agente deixar de prestar socorro sem que tenha sido o autor do homicídio ou da lesão corporal culposa, será responsabilizado pelo delito de omissão de socorro previsto no artigo 304 do mesmo diploma legal. Lúcia Bocardo Batista Pinto e Ronaldo Batista Pinto explicam, de forma precisa, que

> (...) Ela somente incidirá, portanto, quando o fato principal constituir crime. De sorte que, v.g., não tendo a vítima representado pelo crime de lesão corporal culposa, se entende prejudicado o reconhecimento da causa de aumento. É a regra segundo a qual o acessório segue o principal.[51]

O aumento de pena pela omissão de socorro deve ser reconhecido quando verificado que o réu estava apto a acudir a vítima, não existindo nenhuma ameaça à sua vida nem à sua integridade física. A prestação de socorro é dever do agressor, não cabendo a este levantar suposições acerca das condições físicas da vítima, medindo a gravidade das lesões que causou e as consequências de sua conduta, sendo que a determinação do momento e da causa da morte compete ao especialista legalmente habilitado, e não ao condutor do veículo.[52] Além do mais, não cabe ao agente proceder à avaliação quanto à eventual ausência de utilidade de socorro. Havendo o acidente e sendo possível o socorro sem risco pessoal, deve o condutor prestá-lo.[53]

Parte da doutrina tem entendido que é possível excepcionar o dever de prestar socorro na hipótese de morte instantânea da vítima, tendo em vista que o cadáver não pode ser considerado sujeito passivo da conduta. Nesse sentido, Gabriel Habib leciona que:

> Questão relevante versa sobre a hipótese de a vítima ter morte instantânea. Caso isso ocorra, a presente majorante não poderá incidir. Com efeito, a intenção do legislador foi incentivar o agente provocador do acidente automobilístico a socorrer a vítima, para que seja preservado,

---

[51] PINTO, Lúcia Bocardo Batista; PINTO, Ronaldo Batista. *Legislação Penal Especial*. São Paulo: Revista dos Tribunais, 2009. v. 6. (Coleção Ciências Criminais). p. 966.
[52] STJ – Recurso Especial REsp 277403 MG 2000/0093123-3.
[53] STF – Habeas Corpus HC 84380 MG.

a qualquer custo, a vida humana. Naturalmente, somente o vivo precisa de socorro, uma vez que ainda há o bem jurídico vida humana a ser preservado. Tendo a vítima morte instantânea, não há mais o bem jurídico vida humana a ser preservado, e o socorro é inócuo, razão pela qual não incide a majorante. É bem verdade que o agente, no momento do acidente, não tem a menor capacidade para avaliar se a vítima teve ou não morte instantânea. Entretanto, a incidência da majorante será analisada *a posteriori*, e, quem dirá se a vítima teve ou não morte instantânea será o laudo pericial. (...)[54]

A jurisprudência tem entendido que "o comportamento imposto pela norma não pode ser afastado ao argumento de que houve a morte instantânea da vítima, situação que, aliás, não pode, via de regra, ser atestada pelo agente da conduta delitiva no momento da ação".[55]

Tem-se entendido, também, que, havendo a prestação de socorro por terceiros, não é possível o aumento de pena, uma vez que o bem jurídico vida humana teria sido preservado e isso seria bastante para colmatar a omissão do condutor do veículo.

11.7.4 No Exercício de sua Profissão ou Atividade, Estiver Conduzindo Veículo de Transporte de Passageiros

A fim de evitar repetições desnecessárias, remete-se o amigo leitor ao item 8.5, o qual trata sobre esse tema.

Importante que se registre que não é necessário que, no momento do homicídio culposo, o condutor esteja transportando passageiros, sendo suficiente para a incidência do aumento de pena que esteja conduzindo veículo de transporte de passageiros. Nesse sentido a posição do Superior Tribunal de Justiça:

> DIREITO PENAL. HOMICÍDIO CULPOSO COMETIDO NO EXERCÍCIO DE ATIVIDADE DE TRANSPORTE DE PASSAGEIROS. *Para a incidência da causa de aumento de pena prevista no art. 302, parágrafo único, IV, do CTB, é irrelevante que o agente esteja transportando passageiros no momento do homicídio culposo cometido na direção de veículo automotor. Isso porque, conforme precedente do STJ, é suficiente que o agente, no exercício de*

---

[54] HABIB, Gabriel. *Leis Penais Especiais*. Volume único: atualizado com os Informativos e Acórdãos do STF e do STJ de 2015. 8 ed. rev., atual. e ampl. Salvador: JusPodivm, 2016. p. 105.
[55] STJ HC 269038 / RS.

sua profissão ou atividade, esteja conduzindo veículo de transporte de passageiros. Precedente citado: REsp 1.358.214-RS, Quinta Turma, DJe 15.4.2013 (AgRg no REsp 1.255.562-RS, Relator: Min. Maria Thereza de Assis Moura, julgado em 4.2.2014). (Grifos nossos).

11.8 Pena e Natureza da Ação Penal

O tipo penal prevê como reprimendas a pena de detenção, de 2 (dois) a 4 (quatro) anos, e a suspensão ou proibição de se obter a permissão ou a habilitação para dirigir veículo automotor. Trata-se de penas cumulativas, devendo o juiz aplicá-las em conjunto.

Não é possível a aplicação dos institutos da suspensão condicional do processo, nem da transação penal.

O processamento do homicídio culposo se dá mediante ação penal pública incondicionada.

11.9 Revogação do Artigo 302, §2º, do Código de Trânsito

A Lei nº 13.281/16, em boa hora, revogou o artigo 302, §2º, do Código de Trânsito, o qual foi incluído pela Lei nº 12.971/14. Dispunha o artigo 302, §2º, que

§2º Se o agente conduz veículo automotor com capacidade psicomotora alterada em razão da influência de álcool ou de outra substância psicoativa que determine dependência ou participa, em via, de corrida, disputa ou competição automobilística ou ainda de exibição ou demonstração de perícia em manobra de veículo automotor, não autorizada pela autoridade competente:
Penas – reclusão, de 2 (dois) a 4 (quatro) anos, e suspensão ou proibição de se obter a permissão ou a habilitação para dirigir veículo automotor.
(Incluído pela Lei nº 12.971, de 2014)

A intenção do legislador foi punir de forma mais severa aqueles que praticavam homicídio culposo nas hipóteses de condução de veículo automotor com capacidade psicomotora alterada em razão da influência de álcool ou de outra substância psicoativa que determine dependência e de participação em "racha".

Para tanto, a Lei nº 12.971/14 instituiu como reprimenda a pena corporal de *reclusão*, de 2 (dois) a 4 (quatro) anos, além da suspensão ou proibição de se obter a permissão ou a habilitação para dirigir veículo automotor.

A primeira grande polêmica é que as penas previstas no artigo 302, §2º, eram exatamente as mesmas do *caput*,[56] diferindo-se apenas no sentido de que aquela era de *reclusão* e esta de *detenção*. Do ponto de vista prático, não se alterou absolutamente nada, apenas que o regime inicial de cumprimento de pena, na hipótese de reclusão (§2º), podia se iniciar no fechado, enquanto que na detenção, no semiaberto.

Embora a intenção do legislador tenha sido endurecer o tratamento criminal, quem vivencia o cotidiano forense logo percebe que não houve qualquer mudança prática.

Em um segundo momento, com o implemento do artigo 302, §2º, do Código de Trânsito criou-se um conflito de normas em relação ao artigo 308, §2º, do Código de Trânsito (crime de "racha" seguido de morte), também instituído pela Lei nº 12.971/14, vez que descrevia exatamente a mesma conduta criminosa em ambos os dispositivos. Vejamos o que estatui o artigo 308, §2º:

> Art. 308. Participar, na direção de veículo automotor, em via pública, de corrida, disputa ou competição automobilística não autorizada pela autoridade competente, gerando situação de risco à incolumidade pública ou privada: (Redação dada pela Lei nº 12.971, de 2014)
> §2º Se da prática do crime previsto no *caput* resultar morte, e as circunstâncias demonstrarem que o agente não quis o resultado nem assumiu o risco de produzi-lo, a pena privativa de liberdade é de reclusão de 5 (cinco) a 10 (dez) anos, sem prejuízo das outras penas previstas neste artigo. (Incluído pela Lei nº 12.971, de 2014)

Portanto, tinha-se o seguinte:

1) Artigo 302, §2º, do CTB: praticar homicídio culposo na direção de veículo automotor durante o "racha". Penas – reclusão, de 2 (dois) a 4 (quatro) anos, e suspensão ou proibição de se obter a permissão ou a habilitação para dirigir veículo automotor.

2) Artigo 308, §2º, do CTB: durante o "racha", praticar homicídio culposo na direção de veículo aumotor. Pena privativa de

---

[56] "*detenção*, de 2 (dois) a 4 (quatro) anos, e suspensão ou proibição de se obter a permissão ou a habilitação para dirigir veículo automotor" (grifo nosso).

liberdade de reclusão de 5 (cinco) a 10 (dez) anos, sem prejuízo das outras penas previstas neste artigo.

Como se verifica, a mesma conduta criminosa conduzia a duas penas distintas, gerando dúvida no intérprete em relação a qual delas deveria ser aplicada. Nesse prisma, o professor Márcio André Lopes Cavalcanti tentou dirimir a celeuma, ensinando que:

> Diante dessa remota possibilidade, quando entrar em vigor o §2º do art. 302 do CTB, surgirão duas interpretações possíveis:
> 1) Deve-se aplicar a interpretação mais favorável ao réu, de forma que, em caso de homicídio culposo na direção de veículo automotor enquanto o condutor participava de "racha", ele será punido na forma do §2º do art. 302 do CTB (pena mais branda) e o §2º do art. 308 do CTB (pena mais alta) será "letra morta".
> 2) Considerando que não se pode negar vigência (transformar em "letra morta") o §2º do art. 308 do CTB e tendo em vista que a interpretação entre os dispositivos de uma mesma lei deve ser sistêmica, será possível construir a seguinte distinção:
> - Se o condutor, durante o "racha", causou a morte de alguém agindo com culpa INCONSCIENTE: aplica-se o §2º do art. 302 do CTB;
> - Se o condutor, durante o "racha", causou a morte de alguém agindo com culpa CONSCIENTE: aplica-se o §2º do art. 308 do CTB.
> Essa segunda interpretação é a que reputo mais razoável e consentânea com a necessidade de resolver a aparente antinomia entre os dois dispositivos.[57]

Diante de todas essas barbaridades jurídicas, a Lei nº 13.281/16 revogou o artigo 302, §2º, do Código de Trânsito, aplicando-se, portanto, a incriminação do artigo 308, §2º, do mesmo *codex*.

11.10 Homicídio Culposo Qualificado pela Embriaguez

A Lei nº 13.546/17[58] incluiu ao artigo 302 o §3º, qualificando o crime de homicídio culposo se o agente estiver conduzindo o veículo

---

[57] CAVALCANTI, Márcio André Lopes. Comentários à Lei 12.971/2014, que alterou o Código de Trânsito Brasileiro. *Dizer o Direito*, 13 maio 2014. Disponível em: http://www.dizerodireito.com.br/2014/05/comentarios-lei-129712014-que-alterou-o.html. Acesso em: 20 jul. 2019.
[58] A Lei nº 13.546/2017 entrou em vigor no dia 19 de abril de 2018, portanto, a incriminação decorrente dela somente será aplicável a partir dessa data, em respeito à irretroatividade da lei penal.

automotor sob a influência de álcool ou de qualquer outra substância psicoativa que determine dependência.

Vale dizer, para a caracterização do delito, é necessário que o agente, ao praticar o homicídio culposo, esteja conduzindo o veículo automotor sob a influência de álcool ou de qualquer outra substância psicoativa que determine dependência. Feito isso, a pena corporal será de reclusão, de 5 (cinco) a 8 (oito) anos, e suspensão ou proibição do direito de se obter a permissão ou a habilitação para dirigir veículo automotor.

Frise-se, ainda, que não houve alteração em relação ao crime de Embriaguez na Direção de Veículo Automotor previsto no art. 306 do Código de Trânsito. O que o §3º fez foi qualificar o crime de homicídio culposo na direção de veículo automotor se o agente que o pratica estiver embriagado ou estiver sob a influência de outro tipo de substância que cause dependência. Se o agente apenas conduzir o veículo automotor sob a influência de álcool sem causar a morte culposa de ninguém, ele responderá somente pelo crime do art. 306 do Código de Trânsito.

Desse modo, podemos ilustrar a alteração realizada no §3º com a seguinte tabela:

Art. 302, *caput*, do CTB	Art. 302, §3º, do CTB
Art. 302. Praticar homicídio culposo na direção de veículo automotor:	Art. 302. Praticar homicídio culposo na direção de veículo automotor: + §3º Se o agente conduz veículo automotor *sob a influência de álcool* ou de *qualquer outra substância psicoativa que determine dependência.*
Penas: detenção, de 2 *(dois)* a 4 *(quatro)* anos, e suspensão ou proibição de se obter a permissão ou a habilitação para dirigir veículo automotor.	Penas: reclusão, de 5 *(cinco)* a 8 *(oito)* anos, e suspensão ou proibição do direito de se obter a permissão ou a habilitação para dirigir veículo automotor.

No mesmo passo, entendemos ser compatível a qualificadora do §3º com as causas de aumento do §1º. A disposição topográfica dos parágrafos (as causas de aumento estarem dispostas no texto legal antes da qualificadora) não pode ser fator impeditivo para o reconhecimento das causas de aumento previstas no §1º ao homicídio culposo qualificado pela embriaguez. A mera disposição topográfica do §1º não pode conduzir ao não reconhecimento da causa de aumento, pois se trata de majorantes a serem aplicadas na terceira fase da dosimetria da pena, enquanto as qualificadoras servem para modificar o mínimo e máximo da pena, a serem observadas na primeira fase da fixação da reprimenda. Portanto, tendo naturezas jurídicas distintas, entendemos serem perfeitamente compatíveis.

É bom que se diga que, caso o agente pratique homicídio culposo na direção de veículo automotor sob a influência de álcool ou outra substância psicoativa que determine dependência, ele somente responderá pelo crime do art. 302, §3º, do Código de Trânsito. O delito de Embriaguez na Direção de Veículo Automotor ficará absorvido pelo homicídio culposo, uma vez que a ebriedade será utilizada para qualificar este último. Por essa razão, não haverá o delito autônomo do art. 306 do Código de Trânsito, sob pena de *bis in idem*.

O tipo penal prevê como reprimendas a pena de reclusão, de 5 (cinco) a 8 (oito) anos, e suspensão ou proibição do direito de se obter a permissão ou a habilitação para dirigir veículo automotor. Trata-se de penas cumulativas, devendo o juiz aplicá-las em conjunto.

Não é possível a aplicação dos institutos da suspensão condicional do processo, nem da transação penal.

O processamento do homicídio culposo qualificado pela embriaguez se dá mediante ação penal pública incondicionada.

CAPÍTULO 12

LESÃO CORPORAL CULPOSA NA DIREÇÃO DE VEÍCULO AUTOMOTOR

> Art. 303. Praticar lesão corporal culposa na direção de veículo automotor:
> Penas – detenção, de seis meses a dois anos e suspensão ou proibição de se obter a permissão ou a habilitação para dirigir veículo automotor.
> Parágrafo único. Aumenta-se a pena de 1/3 (um terço) à metade, se ocorrer qualquer das hipóteses do §1º do art. 302. (Redação dada pela Lei nº 12.971, de 2014)
> §2ºA pena privativa de liberdade é de reclusão de dois a cinco anos, sem prejuízo das outras penas previstas neste artigo, se o agente conduz o veículo com capacidade psicomotora alterada em razão da influência de álcool ou de outra substância psicoativa que determine dependência, e se do crime resultar lesão corporal de natureza grave ou gravíssima. (Redação dada pela Lei nº 13.546, de 2017)

Trata-se de crime de menor potencial ofensivo, a ser processado mediante ação penal pública condicionada à representação, exceto nas hipóteses descritas no artigo 291, §1º, do Código Penal (remetemos o amigo leitor ao item 2.2).

Ademais, todas as causas especiais de aumento de pena previstas no artigo 302 são aplicáveis ao presente delito (remetemos o amigo leitor ao item 11.7).

Em relação ao perdão judicial, análise do tipo penal culposo, culpa exclusiva da vítima, culpa concorrente etc., aplicam-se as mesmas considerações já analisadas no delito de homicídio culposo na direção de veículo automotor.

12.1 Princípio da Insignificância e Lesões Corporais Culposas na Direção de Veículo Automotor

Sabe-se que o Direito Penal não deve se ocupar de lesões insignificantes e que não causem lesão ou perigo de lesão ao bem jurídico tutelado (tipicidade material). O Supremo Tribunal Federal sedimentou que, para que seja reconhecido o princípio da insignificância, devem ser preenchidos quatro requisitos de forma cumulativa, sendo eles os seguintes: a) mínima ofensividade da conduta do agente; b) nenhuma periculosidade social da ação; c) reduzido grau de reprovabilidade do comportamento; e d) inexpressividade da lesão jurídica.

Discute-se sobre a possibilidade de aplicação do princípio da insignificância quanto ao delito de lesão corporal culposa na direção de veículo automotor, tendo em vista que a integridade física é considerada bem jurídico relativamente disponível.

Diz-se, em doutrina, que pequenas lesões podem ser consentidas livremente, a exemplo das perfurações para colocação de brincos nas orelhas, equimoses para realização de tatuagens etc.

Os Tribunais Superiores têm entendido pela aplicação do princípio da insignificância no delito de lesão corporal quando a conduta causa pequenas equimoses decorrentes do acidente de trânsito, considerando tais lesões como inexpressivas.[59]

Cezar Roberto Bitencourt[60] ensina que a insignificância, nos casos de lesão corporal, deve ser aferida não só em relação à importância do bem jurídico tutelado, mas notadamente em relação ao grau de sua intensidade, ou seja, pela extensão da lesão produzida. E arremata confirmando a possibilidade de aplicação do princípio da insignificância ao delito de lesão corporal leve:

> A lesão à integridade física ou à saúde deve ser juridicamente, relevante. É indispensável que o dano à integridade física ou à saúde não seja insignificante. Pequenas contusões que não deixam vestígios externos no corpo da vítima, provocando apenas dor momentânea, não possuem dignidade penal, e estão aquém do mínimo necessário para justificar uma sanção criminal.

---

[59] STF – Recurso em Habeas Corpus RHC 66869 PR.
[60] BITENCOURT, Cezar Roberto. *Código penal comentado*. 9. ed. São Paulo: Saraiva, 2015. p. 505.

12.2 Lesão Corporal Culposa Qualificada pela Embriaguez

A Lei nº 13.546/17[61] incluiu ao artigo 303 o §2º, qualificando o delito de lesão corporal culposa se o agente estiver conduzindo o veículo automotor sob a influência de álcool ou de qualquer outra substância psicoativa que determine dependência e se do crime resultar lesão corporal de natureza grave ou gravíssima.

Portanto, para a caracterização do delito, é necessário que o agente esteja conduzindo o veículo automotor sob a influência de álcool ou de qualquer outra substância psicoativa que determine dependência e ainda cause na vítima lesões corporais de natureza grave ou gravíssima. Feito isso, a pena corporal será de reclusão de 2 (dois) a 5 (cinco) anos.

Observe-se que a lei exige que a natureza das lesões corporais resultantes da infração penal seja grave ou gravíssima. Nas hipóteses de lesões corporais leves ou médias, mesmo que o agente esteja conduzindo o veículo automotor embriagado, não haverá a incidência da qualificadora do §2º, sob pena de violação ao princípio da legalidade.

A nosso ver, não havia razão jurídica para a exclusão das lesões de natureza leve ou média do âmbito da incidência da qualificadora. Isso porque a *ratio essendi* da majoração da pena é a embriaguez na direção, e não a natureza da lesão. O fato de o condutor estar embriagado reduz seus reflexos e aumenta a possibilidade de acidente. Por esse motivo, sua conduta é mais grave. Ademais, o *caput* do art. 303 fala em "praticar lesão culposa na direção de veículo automotor", não restringindo ou ampliando a gravidade das lesões e, como se sabe, os parágrafos devem ser interpretados em consonância com o que dispõe o *caput*. Ainda argumentando, a gravidade das lesões deveria ser mensurada na primeira fase da dosimetria da pena como consequência ou circunstância do crime, e não para estabelecer patamares de nova pena mínima e máxima (qualificadora), que já foi feito pelo fato de o agente estar embriagado. Todavia, como visto, para o preenchimento da qualificadora, é mister que as lesões corporais resultantes da infração penal sejam graves ou gravíssimas.

---

[61] A Lei nº 13.546/2017 entrou em vigor no dia 19 de abril de 2018, portanto, a incriminação decorrente dela somente será aplicável a partir dessa data, em respeito à irretroatividade da lei penal.

As hipóteses de lesão corporal grave e gravíssima são encontradas no artigo 129, §§1º e 2º, do Código Penal, respectivamente. Vejamos:

Lesões Corporais de Natureza Grave (art. 129, §1º, do Código Penal)	Lesões Corporais de Natureza Gravíssima (art. 129, 2 1º, do Código Penal)
Se a lesão resulta em: I – Incapacidade para as ocupações habituais, por mais de trinta dias; II – perigo de vida; III – debilidade permanente de membro, sentido ou função; IV – aceleração de parto.	Se a lesão resulta em: I – Incapacidade permanente para o trabalho; II – enfermidade incurável; III – perda ou inutilização do membro, sentido ou função; IV – deformidade permanente; V – aborto.

Se o agente praticar o crime de lesão corporal culposa na direção de veículo automotor sob a influência de álcool ou outra substância psicoativa que determine dependência e ainda causar lesões corporais de natureza grave ou gravíssima na vítima, ele somente responderá pelo crime do art. 303, §2º, do Código de Trânsito. O delito de Embriaguez na Direção de Veículo Automotor ficará absorvido pela lesão culposa, uma vez que a ebriedade será utilizada para qualificar este último. Por essa razão, não haverá o delito autônomo do art. 306 do Código de Trânsito, sob pena de *bis in idem*.

O tipo penal prevê como reprimendas a reclusão de 2 (dois) a 5 (cinco) anos, sem prejuízo das outras penas previstas neste artigo. Vale dizer, além da pena corporal, o juiz aplicará a pena de suspensão ou proibição de se obter a permissão ou a habilitação para dirigir veículo automotor.

Não é possível a aplicação dos institutos da suspensão condicional do processo, nem da transação penal.

A ação penal no crime de lesão corporal culposa qualificada pela embriaguez é pública incondicionada.

OMISSÃO DE SOCORRO

> Art. 304. Deixar o condutor do veículo, na ocasião do acidente, de prestar imediato socorro à vítima, ou, não podendo fazê-lo diretamente, por justa causa, deixar de solicitar auxílio da autoridade pública:
> Penas – detenção, de seis meses a um ano, ou multa, se o fato não constituir elemento de crime mais grave.
> Parágrafo único. Incide nas penas previstas neste artigo o condutor do veículo, ainda que a sua omissão seja suprida por terceiros ou que se trate de vítima com morte instantânea ou com ferimentos leves.

13.1 Bem Jurídico Tutelado

O bem jurídico tutelado é a vida e a saúde das pessoas. Criou o legislador a obrigação jurídica do condutor envolvido no acidente de trânsito de prestar auxílio à vítima, a fim de minorar as consequências do evento danoso.

13.2 Sujeitos do crime

Quanto ao sujeito ativo, trata-se de crime próprio, podendo ser praticado somente pelo condutor do veículo envolvido no acidente de trânsito com vítima. Caso existam outras pessoas não envolvidas no acidente e que também deixem de prestar socorro à vítima, responderão pela omissão de socorro do artigo 135 do Código Penal.

O sujeito passivo é a vítima do acidente que necessite de socorro.

É importante salientar que é admitido o concurso de pessoas tanto na modalidade coautoria quanto na participação. Nesse sentido, Fernando Capez traz os seguintes ensinamentos:

É possível o concurso de pessoas, em ambas as modalidades (coautoria e participação), no crime omissivo próprio. A participação, no caso, consiste em uma atividade ativa do agente, que auxilia, induz ou instiga o condutor do veículo a omitir a conduta devida. A coautoria também é possível no crime omissivo próprio, desde que haja adesão voluntária de uma conduta a outra. Assim, se diversos condutores de veículos, sem que tenham obrado com culpa no acidente, se recusam, em conluio, a prestar assistência à vítima, responderão em coautoria pelo crime em estudo. Ausente a adesão de uma conduta à outra, cada agente responderá autonomamente pelo delito de omissão de socorro.[62]

13.3 Tipo Objetivo

Trata-se de crime omissivo puro, ou seja, é o delito em que a conduta omissiva está descrita no tipo penal. No presente dispositivo, foram incriminadas duas condutas:

a) *Deixar o condutor do veículo, na ocasião do acidente, de prestar imediato socorro à vítima*: não havendo risco pessoal para o condutor do veículo, deve ele prestar imediato socorro à vítima. Cuida-se de dever de assistência imediata. Assim, aquele que deixa de prestar imediato socorro à vítima, sem justa causa, incide nesta figura criminosa.

b) *Deixar o condutor do veículo de solicitar auxílio da autoridade pública*: não sendo possível prestar o socorro imediato à vítima, deve o condutor procurar a autoridade pública e solicitar sua ajuda. Trata-se de assistência mediata à vítima. É importante perceber que o legislador não franqueou ao condutor do veículo duas opções: prestar imediato socorro à vítima ou solicitar auxílio da autoridade policial. Se há possibilidade de prestação de socorro imediato à vítima e o condutor do veículo solicita auxílio das autoridades públicas (polícias, bombeiros etc.), haverá o crime de omissão de socorro. O artigo 304 impõe como dever (e não como escolha/opção) a prestação de socorro imediato à vítima. Autoriza-se o auxílio da autoridade pública se, por motivo justo, não puder o condutor realizar a assistência desde logo. Portanto, aquele que, por justo motivo,

---

[62] CAPEZ, Fernando. *Curso de Direito Penal*. 11. ed. São Paulo: Saraiva, 2016. v. 4 – Legislação pena especial. p. 320-321.

esteja impossibilitado de realizar o imediato socorro à vítima e também deixa de solicitar o auxílio da autoridade pública, incide na incriminação prevista no artigo 304.

A justa causa (elemento normativo do tipo) prevista no tipo deve ser entendida como a presença de risco pessoal ao condutor ou a impossibilidade de realizar imediata prestação do socorro. Para Guilherme de Souza Nucci, "o motivo juridicamente relevante liga-se aos padrões de legítima defesa ou estado de necessidade (Ex.: o condutor pode passar mal e também necessitar de socorro; pode, também, como já exposto em nota anterior, ser ameaçado de linchamento e ter que deixar o local)".[63]

O legislador não exigiu que o delito seja praticado em local específico, concluindo-se, portanto, que poderá ocorrer em qualquer lugar.

13.4 Crime Subsidiário

O artigo 304 é considerado crime subsidiário, somente sendo reconhecido se os fatos não constituírem crimes mais graves.

Por essa razão, havendo a prática de homicídio culposo ou lesão corporal culposa na direção de veículo automotor, responderá o agente pelos referidos crimes (que são mais graves), e a omissão de socorro será utilizada como causa de aumento de pena (art. 302, §1º, III, e art. 303, parágrafo único).

Considerando a subsidiariedade expressa no preceito secundário do tipo penal, a doutrina encontra dificuldade em visualizar a ocorrência prática do delito de omissão de socorro previsto no artigo 304 do Código de Trânsito. Nesse sentido, Lúcia Bocardo Batista Pinto e Ronaldo Batista Pinto ensinam que:

> Também aqui o crime não restará configurado nas hipóteses de homicídio culposo e lesões corporais culposas, para os quais a omissão de socorro já configura uma causa especial de aumento de pena, nos termos do inc. III do art. 302 do CTB. Conclui-se, então, pela pouca aplicação prática desse dispositivo em estudo, pois na imensa maioria dos casos, a omissão de socorro estará vinculada à prática de homicídio ou lesões corporais

---

[63] NUCCI, Guilherme de Souza. *Leis penais e processuais penais comentadas*. 8. ed. rev., atual. e ampl. Rio de Janeiro: Forense, 2014. v. 2. p. 2490. (*E-book*).

culposas. Daí a indagação de Sérgio Salomão Shecaira: "A quem se aplica então o tipo autônomo? A única hipótese possível, descoberta em recente seminário promovido pela Escola do Ministério Público é a de um motorista – sem qualquer culpa – atropelar alguém e omitir-se a prestar socorro. Só nessa hipótese aplicar-se-ia o tipo do art. 304".[64]

13.5 Consumação e Tentativa

O crime se consuma no exato momento da omissão de socorro. Não é admitida tentativa por se tratar de crime omissivo próprio ou puro.

13.6 Ação Penal

Trata-se de crime de menor potencial ofensivo, tendo em vista que a pena máxima é inferior a 2 (dois) anos, razão pela qual se admite a transação penal. É possível a suspensão condicional do processo, uma vez que a pena mínima é inferior a 1 (um) ano.

13.7 Omissão Suprida por Terceiros, Vítima com Morte Instantânea e Vítima com Ferimentos Leves

O artigo 304, parágrafo único, dispõe que "incide nas penas previstas neste artigo o condutor do veículo, ainda que a sua omissão seja suprida por terceiros ou que se trate de vítima com morte instantânea ou com ferimentos leves".

O presente dispositivo deve ser analisado com cautela, a fim de se evitar a aplicação errônea e injusta da lei.

O *socorro prestado por terceiros* não exclui o crime quando o agente se omite ao dever de socorro, permitindo que terceiros o façam, a exemplo do condutor que foge do local dos fatos e deixa de prestar o devido auxílio. Contudo, se terceiros se adiantam na prestação de socorro, obviamente, o condutor não poderá ser responsabilizado. Não há necessidade de o agente chamar para si a responsabilidade da prestação do socorro quando terceiros já o fazem (às vezes, em condições mais apropriadas que o condutor).

---

[64] PINTO, Lúcia Bocardo Batista; PINTO, Ronaldo Batista. *Legislação Penal Especial*. São Paulo: Revista dos Tribunais, 2009. v. 6. p. 994. (Coleção Ciências Criminais).

Na hipótese de a *vítima ter morte instantânea*, não há possibilidade de reconhecimento do crime de omissão de socorro, tendo em vista que o cadáver não se presta a ser objeto material do delito em comento. O legislador descreveu no tipo penal um crime impossível por absoluta impropriedade do objeto. O que se espera do condutor envolvido no acidente de trânsito é que tenha solidariedade com a vítima do acidente, a fim de minorar as consequências danosas do acidente, bem como tentar salvá-la, garantindo o respeito à sua vida, saúde e integridade física. No caso de morte instantânea, o bem jurídico tutelado não mais existe. Há a possibilidade de punição do condutor pelo crime do artigo 304 se não houver certeza em relação à morte instantânea da vítima, pois, nesse caso, ainda persiste o dever de solidariedade.

Quando a *vítima sofreu lesões leves*, somente haverá o crime se ela necessitar de algum auxílio. Se a vítima sofreu simples escoriações, não há a ocorrência do crime em testilha. Guilherme de Souza Nucci faz uma importante observação sobre o tema:

> neste caso torna-se essencial contar com a colaboração da pessoa a ser socorrida, pois, muitas vezes, justamente por ter sofrido ferimentos leves, há recusa em seguir para um hospital ou lugar similar. Não teria o menor sentido o condutor do veículo constranger a vítima a ser socorrida somente para evitar o enquadramento no art. 304, parágrafo único, da Lei 9.503/97.[65]

---

[65] NUCCI, Guilherme de Souza. *Leis penais e processuais penais comentadas*. 8. ed. rev., atual. e ampl. Rio de Janeiro: Forense, 2014. v. 2. p. 2492. (*E-book*).

CAPÍTULO 14

FUGA DO LOCAL DO ACIDENTE

Art. 305. Afastar-se o condutor do veículo do local do acidente, para fugir à responsabilidade penal ou civil que lhe possa ser atribuída:
Penas – detenção, de seis meses a um ano, ou multa.

14.1 Constitucionalidade

Parte da doutrina sustenta a inconstitucionalidade do presente artigo, tendo em vista que viola o princípio constitucional da ampla defesa, o princípio constitucional da não autoincriminação (ninguém é obrigado a fazer prova contra si mesmo), bem como o fato de que ninguém será preso por dívida civil, exceto o devedor de alimentos.

Questiona-se a violação à ampla defesa e à não autoincriminação, uma vez que nem em crimes mais graves, a exemplo do homicídio, o agente precisa permanecer no local dos fatos. Dessa forma, não seria possível fazer essa exigência em relação aos crimes de trânsito. Nesse sentido, Damásio E. de Jesus ensina que:

> A lei pode exigir que, no campo penal, o sujeito faça prova contra ele mesmo, permanecendo no local do acidente? Como diz Ariosvaldo de Campos Pires, "a proposição incriminadora é constitucionalmente duvidosa" (Parecer sobre o Projeto de Lei n. 73/94, que instituiu o CT, oferecido ao Conselho Nacional de Política Criminal e Penitenciária, Brasília, 23.7.1996). Cometido um homicídio doloso, o sujeito não tem a obrigação de permanecer no local. Como exigir essa conduta num crime de trânsito? De observar o art. 8º, II, g, do Pacto de São José: ninguém tem o dever de autoincriminar-se.[66]

---

[66] JESUS, Damásio de. *Crimes de Trânsito*: Anotações à Parte Criminal. 8. ed. São Paulo: Saraiva, 2009. p. 147-148.

Diz-se, ainda, que viola a proibição de prisão civil, eis que o agente seria preso em razão de uma responsabilidade civil (acidente de trânsito), e não criminal.

Há, contudo, quem defenda a constitucionalidade do dispositivo ao fundamento de que a punição decorre do fato de o agente ter ludibriado a administração da justiça, e não pela dívida oriunda da ação delituosa. Além do mais, o objetivo da norma é evitar que os condutores fujam à sua responsabilidade cível e criminal, bem como possibilitar identificação e posterior responsabilização.

A presente discussão bateu às portas do Supremo Tribunal Federal, no bojo do RE 971.959/RS, tendo o Pretório Excelso concluído pela constitucionalidade do referido dispositivo legal, afirmando que não viola o princípio da não autoincriminação, desde que garantido o direito ao silêncio e ressalvadas as hipóteses de exclusão de tipicidade e antijuridicidade.

Para o STF é "admissível a flexibilização do princípio da vedação à autoincriminação proporcionada pela opção do legislador de criminalizar a conduta de fugir do local do acidente". Entendeu-se que a determinação do art. 305 do CTB não viola o núcleo duro do princípio da não autoincriminação. Isso porque esse mandamento orienta que o investigado não pode ser obrigado a tomar nenhuma postura ativa para produção de prova contra si, ao passo que, o que o art. 305 ordena é que o indigitado permaneça no local do acidente para garantir a identificação dos envolvidos e se identifique perante a autoridade competente, não se lhe exigindo nenhum tipo de postura ativa para produção de prova. Assim, tem-se um mero dever de permanência e não de autoincriminação. O fato de o dispositivo determinar a permanência do agente no local do sinistro não o obriga a assumir a paternidade do evento delituoso (ele ainda pode permanecer em silêncio e negar a prática dos fatos). Assim, depois de se identificar perante a autoridade, pode o investigado ficar em silêncio em relação à dinâmica do acidente e não fornecer nenhuma informação ou esclarecimento sobre como se deu o sinistro. Por essas razões, não afeta o núcleo intangível do citado princípio constitucional.

Ainda, a constitucionalidade do art. 305 encontra-se respaldada pelo princípio da proporcionalidade, no prisma da proteção deficiente. Não considerar o dispositivo constitucional acarretaria uma proteção insuficiente por parte do Estado. Ademais, em caso de reconhecimento da inconstitucionalidade, fragilizaria a tutela penal, bem como negaria a vontade do Parlamento (uma vez que a Constituição promete uma sociedade livre, justa e solidária, que não pode ser garantida com o afastamento da juridicidade da conduta daquele que abandona o local do sinistro para fugir de sua responsabilidade).

Por fim, a permanência do agente no local do acidente encontra eco na Convenção de Trânsito de Viena,[67] a qual, no artigo 31, prevê que o condutor e demais envolvidos em caso de acidente devem comunicar a sua identidade, caso isso lhe seja exigido.

14.2 Bem Jurídico Tutelado

Tutela-se a administração da justiça, a qual é violada com a fuga do agente, vez que impede sua identificação e punição.

14.3 Sujeitos do Crime

Quanto ao sujeito ativo, trata-se de crime próprio, podendo ser praticado somente pelo condutor do veículo envolvido no acidente de trânsito e que fuja do local. Caso existam outras pessoas que tenham contribuído para o acidente e que também fujam do local, não responderão pelo delito.

É possível, porém, que todos aqueles que tenham incentivado ou colaborado para que a fuga do agente ocorra sejam responsabilizados na condição de partícipes da infração.

O sujeito passivo primário é o Estado, e o secundário, a vítima do acidente de trânsito.

14.4 Análise do Núcleo do Tipo e Elemento Subjetivo

A conduta incriminada é afastar-se (se retirar) do local do acidente. Vale dizer, busca-se evitar a identificação do indivíduo. Além disso, o dispositivo exige que o agente tenha a finalidade específica de fugir à responsabilidade civil e criminal.

O legislador não exigiu que o delito seja praticado em local específico, concluindo-se, portanto, que poderá ocorrer em qualquer lugar.

---

[67] Promulgada pelo Decreto nº 86.714/1981.

Obviamente que, se o agente precisar se afastar do local do crime por motivo justificável (v.g. grave risco à sua integridade física, ser deslocado ao hospital etc.), não responderá pelo delito, em razão da excludente de ilicitude do estado de necessidade.

O elemento subjetivo é o dolo. Não haverá punição na forma culposa.

14.5 Consumação e Tentativa

Trata-se de crime formal, consumando-se o delito com a fuga do local, mesmo que exista a identificação do condutor e que ele não consiga se esquivar da responsabilização civil e criminal.

É possível a tentativa, desde que o agente não consiga se afastar do local do acidente por circunstâncias alheias à sua vontade.

14.6 Ação Penal

Trata-se de crime de menor potencial ofensivo, tendo em vista que a pena máxima é inferior a 2 (dois) anos, razão pela qual se admite a transação penal. É possível a suspensão condicional do processo, uma vez que a pena mínima é inferior a 1 (um) ano.

Processa-se mediante ação penal pública incondicionada.

CAPÍTULO 15

EMBRIAGUEZ AO VOLANTE

Art. 306. Conduzir veículo automotor com capacidade psicomotora alterada em razão da influência de álcool ou de outra substância psicoativa que determine dependência: (Redação dada pela Lei nº 12.760, de 2012)
Penas – detenção, de seis meses a três anos, multa e suspensão ou proibição de se obter a permissão ou a habilitação para dirigir veículo automotor.
§1º As condutas previstas no caput serão constatadas por: (Incluído pela Lei nº 12.760, de 2012)
I – concentração igual ou superior a 6 decigramas de álcool por litro de sangue ou igual ou superior a 0,3 miligrama de álcool por litro de ar alveolar; ou (Incluído pela Lei nº 12.760, de 2012)
II – sinais que indiquem, na forma disciplinada pelo Contran, alteração da capacidade psicomotora. (Incluído pela Lei nº 12.760, de 2012)
§2º A verificação do disposto neste artigo poderá ser obtida mediante teste de alcoolemia ou toxicológico, exame clínico, perícia, vídeo, prova testemunhal ou outros meios de prova em direito admitidos, observado o direito à contraprova. (Redação dada pela Lei nº 12.971, de 2014)
§3º O Contran disporá sobre a equivalência entre os distintos testes de alcoolemia ou toxicológicos para efeito de caracterização do crime tipificado neste artigo. (Redação dada pela Lei nº 12.971, de 2014)
§4º Poderá ser empregado qualquer aparelho homologado pelo Instituto Nacional de Metrologia, Qualidade e Tecnologia – INMETRO – para se determinar o previsto no caput. (Incluído pela Lei nº 13.840, de 2019).

15.1 Evolução Legislativa[68]

O delito de embriaguez na direção de veículo automotor, certamente, é aquele que traz as maiores indagações sobre a sua evolução

---

[68] GONÇALVES, Matheus Kuhn. *Embriaguez alcoólica na direção de veículo automotor (Art. 306 do CTB) X o princípio da não autoincriminação.* 2010. 57 f. Orientador: Nilton Ladislau. Monografia (Bacharelado em Direito) – Departamento Acadêmico de Direito, Universidade Federal de Rondônia, Cacoal, 2010.

legislativa, tendo em vista que, nos últimos anos, muitas foram as tentativas de aperfeiçoá-lo.

Podemos trabalhar o delito de embriaguez na direção em três momentos diferentes: 1) Antes da Lei nº 11.705/08 (primeira "Lei Seca"); 2) Depois da Lei nº 11.705/08 (Lei Seca) e 3) Depois da Lei nº 12.760/12 ("Nova Lei Seca").

Antes da Lei nº 11.705/08 (primeira "Lei Seca"), a redação do artigo 306 do Código de Trânsito era a seguinte:

> Art. 306. Conduzir veículo automotor, na via pública, sob a influência de álcool ou substância de efeitos análogos, expondo a dano potencial a incolumidade de outrem.

Nessa época, o delito de embriaguez era considerado crime de perigo concreto, exigindo-se para sua configuração, além da demonstração de que o condutor dirigia o veículo, na via pública, sob influência de álcool ou substância de efeitos análogos, que a incolumidade de outrem fosse exposta à possibilidade efetiva de dano. Para se provar a embriaguez, era possível a utilização de qualquer meio de prova admitido em direito, sejam diretas (bafômetro, exame sanguíneo) ou indiretas (depoimento testemunhal, filmagem), vez que o tipo não determinava, de forma objetiva, o que era estar embriagado.

Nessa sistemática, por exemplo, poderiam se ouvir relatos de testemunhas que informassem que o condutor possuía sinais de embriaguez, quais sejam: falta de equilíbrio, odor etílico, fala arrastada, dentre outros. Todas essas informações poderiam ser utilizadas para fazer prova contra o condutor.

Poderia, também, a autoridade solicitar ao condutor que realizasse o teste do etilômetro (bafômetro) ou realizasse exame de sangue específico. No entanto, estes deveriam ter a anuência do condutor, sob pena de violar o princípio da não autoincriminação.

Nesse diapasão, o Superior Tribunal de Justiça tinha entendimento no sentido de que o crime do artigo 306 do Código de Trânsito era crime de perigo concreto, podendo a condução anormal ser detectada por qualquer meio de prova. No *Habeas Corpus* 166.377/SP, o Ministro Og Fernandes fundamenta a questão:

> Como se verifica, não era exigível quantificação alguma, bastando para a configuração do delito que o agente, sob a influência de álcool, expusesse a dano potencial a incolumidade de outrem. Vale dizer, o

legislador, além de não haver delimitado a grandeza da concentração de álcool no sangue, exigia que a condução do veículo fosse anormal ou com exposição a dano potencial. Assim, não existindo determinação ou exigência típica certa relativamente à dosagem de álcool, a prova poderia ser produzida pela conjugação da intensidade de embriaguez – se era perceptível visualmente ou não – com a maneira anormal de conduzir o veículo. Era possível, portanto, o exame de corpo de delito indireto ou supletivo ou, ainda, a prova testemunhal, sempre, evidentemente, que impossibilitado o exame direto. Logo, por exemplo, um simples exame clínico poderia atender à exigência legal.

Contudo, com o aumento dos acidentes de trânsito decorrentes da ingestão de bebida alcoólica, atendendo aos reclames da sociedade e visando a endurecer o tratamento criminal do crime de embriaguez na direção de veículo automotor, editou-se a Lei nº 11.705/08, conhecida, à época, como Lei Seca.

Com a entrada em vigor da Lei nº 11.705/2008 (Lei Seca), o artigo 306 passou a vigorar com a seguinte redação:

> Art. 306. Conduzir veículo automotor, na via pública, estando com concentração de álcool por litro de sangue igual ou superior a 6 (seis) decigramas, ou sob a influência de qualquer outra substância psicoativa que determine dependência: (Redação dada pela Lei nº 11.705, de 2008).
> Penas – detenção, de seis meses a três anos, multa e suspensão ou proibição de se obter a permissão ou a habilitação para dirigir veículo automotor.
> Parágrafo único. O Poder Executivo federal estipulará a equivalência entre distintos testes de alcoolemia, para efeito de caracterização do crime tipificado neste artigo. (Incluído pela Lei nº 11.705, de 2008).

O mencionado dispositivo legal aduzia que, para a ocorrência do crime de embriaguez na direção, era necessário apenas que o condutor tivesse ingerido bebida alcoólica em patamar superior a 6 (seis) decigramas de álcool por litro de sangue, independentemente de causar ou não perigo de dano a terceiro. Assim, com a alteração legislativa, o crime do artigo 306 (que era de perigo concreto) passou a ser de perigo abstrato, não mais se exigindo a comprovação da situação de perigo (direção anormal), tendo em vista que este passou a ser presumido pelo tipo penal, consumando o delito automaticamente com a condução do veículo após ingestão de bebida alcoólica no patamar igual ou superior a 6 (seis) decigramas de sangue por litro. Nesse sentido, sob a égide da Lei nº 11.705/2008, o Superior Tribunal de Justiça se manifestava da seguinte maneira:

> *EMBRIAGUEZ AO VOLANTE. EXAME. ALCOOLEMIA.* Antes da reforma promovida pela Lei n. 11.705/2008, o art. 306 do CTB não especificava qualquer gradação de alcoolemia necessária à configuração do delito de embriaguez ao volante, mas exigia que houvesse a condução anormal do veículo ou a exposição a dano potencial. Assim, a prova poderia ser produzida pela conjugação da intensidade da embriaguez (se visualmente perceptível ou não) com a condução destoante do veículo. Dessarte, era possível proceder-se ao exame de corpo de delito indireto ou supletivo ou, ainda, à prova testemunhal quando impossibilitado o exame direto. *Contudo, a Lei nº 11.705/2008, ao dar nova redação ao citado artigo do CTB, inovou quando, além de excluir a necessidade de exposição a dano potencial, determinou a quantidade mínima de álcool no sangue (seis decigramas por litro de sangue) para configurar o delito, o que se tornou componente fundamental da figura típica, uma elementar objetiva do tipo penal. Com isso, acabou por especificar, também, o meio de prova admissível, pois não se poderia mais presumir a alcoolemia. Veio a lume, então, o Dec. n. 6.488/2008, que especificou as duas maneiras de comprovação: o exame de sangue e o teste mediante etilômetro ("bafômetro"). Conclui-se, então, que a falta dessa comprovação pelos indicados meios técnicos impossibilita precisar a dosagem de álcool no sangue, o que inviabiliza a necessária adequação típica e a própria persecução penal. É tormentoso ao juiz deparar-se com essa falha legislativa, mas ele deve sujeitar-se à lei, quanto mais na seara penal, regida, sobretudo, pela estrita legalidade e tipicidade.* Anote-se que nosso sistema repudia a imposição de o indivíduo produzir prova contra si mesmo (autoincriminar-se), daí não haver, também, a obrigação de submissão ao exame de sangue e ao teste do "bafômetro". Com esse entendimento, a Turma concedeu a ordem de habeas corpus para trancar a ação penal. Precedente citado do STF: HC 100.472-DF, *DJe* 10.9.2009 (HC 166.377-SP, Relator: Min. Og Fernandes, julgado em 10.6.2010). (Grifos nossos).

O grande problema gerado com a entrada em vigor da Lei nº 11.705/2008, sem nenhuma dúvida, era de cunho probatório. O parágrafo único do artigo 306 incumbiu ao Poder Executivo Federal estabelecer quais seriam os meios de prova adequados para a constatação da embriaguez, o que foi regulamentado pelo Decreto Federal nº 6.488/2008, de 19.06.2008, cujo artigo 2º dispunha:

> Art. 2º Para os fins criminais de que trata o art. 306 da Lei nº 9.503, de 1997 – Código de Trânsito Brasileiro, a equivalência entre os distintos testes de alcoolemia é a seguinte:

I – exame de sangue: concentração igual ou superior a seis decigramas de álcool por litro de sangue; ou
II – teste em aparelho de ar alveolar pulmonar (etilômetro): concentração de álcool igual ou superior a três décimos de miligrama por litro de ar expelido dos pulmões.

Dessa maneira, a forma de se provar a embriaguez, a qual se configurava quando o condutor estivesse com concentração igual ou maior que 6 (seis) decigramas de álcool por litro de sangue, dava-se somente por intermédio do exame de sangue específico, bem como pelo teste em aparelho de ar alveolar pulmonar (etilômetro), conhecido popularmente como bafômetro.

Portanto, com a entrada em vigor da Lei nº 11.705/2008, afastaram-se todos os demais meios de prova admitidos em direito para demonstrar que o condutor se encontrava ébrio, restringindo-se à prova material regulamentada no Decreto Federal nº 6.488/2008, de 19.06.2008. Nesse caminho, lecionava Cléber Masson:

> Atualmente, contudo, a configuração deste crime depende de prova pericial (exame de sangue) ou método equivalente (etilômetro ou teste em aparelho de ar alveolar, popularmente conhecido como "bafômetro"). Portanto, a prova da materialidade do crime tipificado no art. 306 do Código de Trânsito Brasileiro restringe-se a esses dois meios, não admitindo outra forma qualquer, pois são eles os únicos recursos idôneos a indiciar cientificamente a alcoolemia, uma vez que o legislador incluiu o nível de dosagem alcoólica como elemento do tipo penal incriminador.[69]

Com efeito, o motorista embriagado só poderia ser condenado caso fizesse algum dos referidos procedimentos (bafômetro ou exame de sangue). O problema acontecia, porque ninguém precisa produzir prova contra si mesmo (princípio da não autoincriminação). Vale dizer, os únicos dois meios de provas que comprovavam o estado de ebriedade poderiam ser recusados pelo agente delitivo. Portanto, permitia-se ao condutor embriagado decidir se queria ou não ser processado e punido criminalmente.

Não há dúvidas de que a Lei nº 11.705/2008 teve o intuito de endurecer o tratamento criminal do artigo 306 do Código de Trânsito,

---

[69] MASSON, Cléber Rogério. *Direto Penal Esquematizado*. 3. ed. rev., atual. e ampl. Rio de Janeiro: Forense; São Paulo: Método, 2010. v. 1 – Parte geral. p. 452.

tanto que criou um delito de perigo abstrato. Todavia, foi redigido de forma inadequada, autorizando ao condutor se escudar no princípio da não autoincriminação para evitar a punição.

Por fim, editou-se a Lei nº 12.760/12, conhecida como "a nova Lei Seca" (que doravante será estudada), que corrigiu algumas das deficiências do artigo 306.

15.2 Análise do Tipo

Com o advento da Lei nº 12.760/12, o artigo 306 passou a vigorar com a seguinte redação:

> Art. 306. Conduzir veículo automotor com capacidade psicomotora alterada em razão da influência de álcool ou de outra substância psicoativa que determine dependência:

O tipo penal exige que o motorista *conduza veículo automotor*, significando dizer que ele deve ter o controle do veículo, de sua direção, velocidade e manobras. A condução se configura ainda que o veículo esteja desligado, exigindo-se, tão somente, que esteja em movimento. Pequenas manobras também são suficientes para caracterizar a condução.

Condutas que não coloquem o veículo em movimento não são consideradas condução.

O dispositivo não exige que o veículo seja conduzido em via pública, motivo pelo qual o crime se configura ainda que o agente seja flagrado conduzindo o veículo automotor em locais diversos, a exemplo de estacionamentos, áreas internas de condomínios, *shoppings*, estradas rurais etc.

Além disso, deve o condutor estar com a capacidade psicomotora alterada em razão da influência de álcool ou de outra substância psicoativa que determine dependência (*v.g.* cocaína, maconha, lança perfume etc.).

Gabriel Habib conceitua capacidade psicomotora como:

> a capacidade de o ser humano estabelecer relações e influências recíprocas e sistêmicas entre o psiquismo e a motricidade. A alteração da capacidade psicomotora consiste na falta de coordenação entre o psiquismo e a motricidade que toma o ser humano em razão de fatores externos, como

o álcool ou as substâncias psicoativas que determinem dependência. Em outras palavras, pode ser definida como a perda de reflexos. (...)[70]

Sobre a capacidade psicomotora, Renato Marcão faz uma importante ponderação:

Para a configuração do crime, não é necessário que a capacidade psicomotora tenha sido suprimida e, por isso, encontre-se completamente ausente no momento da prática delitiva. Basta que esteja simplesmente alterada; entenda-se: fora da normalidade.[71]

15.3 Constatação da Embriaguez e Meios de Prova

Para configuração do delito, o tipo penal exige que o condutor esteja com a capacidade psicomotora alterada em razão da influência de álcool ou de outras substâncias psicoativas. Segundo o art. 306, §1º, do Código de Trânsito, a alteração da capacidade psicomotora pode ser constatada:

1) *pela existência de concentração igual ou superior a 6 decigramas de álcool por litro de sangue ou igual ou superior a 0,3 miligrama de álcool por litro de ar alveolar*[72]

Essa constatação somente pode ser realizada por intermédio de exame de sangue específico ou teste do etilômetro (conhecido popularmente como bafômetro), uma vez que outros meios de prova não são hábeis para quantificar a embriaguez.

Para nós, realizado o exame de sangue específico ou o teste do bafômetro e verificado que o condutor está com concentração igual

---

[70] HABIB, Gabriel. *Leis Penais Especiais*. Volume único: atualizado com os Informativos e Acórdãos do STF e do STJ de 2015. 8. ed. rev., atual. e ampl. Salvador: JusPodivm, 2016. p. 116.

[71] MARCÃO, Renato. *Crimes de trânsito*: anotações e interpretação jurisprudencial da parte criminal da Lei nº 9.503, de 23.9.1997. 5. ed. São Paulo: Saraiva, 2014. p. 176.

[72] Resolução 432 do Contran, de 23.01.2013: "Art. 3º. A confirmação da alteração da capacidade psicomotora em razão da influência de álcool ou de outra substância psicoativa que determine dependência dar-se-á por meio de, pelo menos, um dos seguintes procedimentos a serem realizados no condutor de veículo automotor: I – exame de sangue; II – exames realizados por laboratórios especializados, indicados pelo órgão ou entidade de trânsito competente ou pela Polícia Judiciária, em caso de consumo de outras substâncias psicoativas que determinem dependência; III – teste em aparelho destinado à medição do teor alcoólico no ar alveolar (etilômetro); IV – verificação dos sinais que indiquem a alteração da capacidade psicomotora do condutor".

ou superior a 6 decigramas de álcool por litro de sangue ou igual ou superior a 0,3 miligrama de álcool por litro de ar alveolar, presume a Lei que o motorista está com a capacidade psicomotora alterada, sendo suficiente para lastrear a materialidade do delito. Tal conclusão se extrai da análise do art. 306, §1º, e também de uma interpretação histórica do dispositivo em comento.

O artigo 306, §1º, informa que a alteração da capacidade psicomotora será constatada pela existência de concentração igual ou superior a 6 decigramas de álcool por litro de sangue ou igual ou superior a 0,3 miligrama de álcool por litro de ar alveolar (inciso I) *ou* (utiliza-se a partícula alternativa "*ou*", e não a partícula aditiva "*e*") por outros sinais que indiquem alteração da capacidade psicomotora. Em outras palavras, sendo verificado pelo exame de sangue específico ou teste do etilômetro a hipótese do art. 306, §1º, inciso I, já estará caracterizada a alteração da capacidade psicomotora, não havendo necessidade de outras provas para demonstração da materialidade.

Além do mais, sob a égide da antiga Lei Seca (Lei nº 11.705/08), o legislador estabelecia como parâmetro para a embriaguez a concentração de álcool por litro de sangue igual ou superior a 6 (seis) decigramas. Assim, do ponto de vista histórico, o legislador já utilizava como parâmetro de embriaguez o referido patamar, o que nos leva a crer que o condutor que esteja nessas condições presume-se com a capacidade psicomotora alterada.

Vejamos, também, o que diz o artigo 7º da Resolução 432 do Contran:

> Art. 7º O crime previsto no art. 306 do CTB será caracterizado por qualquer um dos procedimentos abaixo:
> I – exame de sangue que apresente resultado igual ou superior a 6 (seis) decigramas de álcool por litro de sangue (6 dg/L);
> II – teste de etilômetro com medição realizada igual ou superior a 0,34 miligrama de álcool por litro de ar alveolar expirado (0,34 mg/L), descontado o erro máximo admissível nos termos da "Tabela de Valores Referenciais para Etilômetro" constante no Anexo I; (...)

Frise-se, contudo, que, em razão do princípio da não autoincriminação, o motorista pode se recusar a realizar o exame de sangue e o teste do bafômetro. Nessas hipóteses, autoriza-se que a alteração da capacidade psicomotora seja comprovada por outros meios de prova.

2) *por sinais que indiquem, na forma disciplinada pelo Contran, alteração da capacidade psicomotora*

O artigo 306, §1º, inciso II, autoriza a constatação da alteração da capacidade psicomotora por outros meios de provas.

O artigo 306, §2º, permite que a verificação do disposto nesse artigo poderá ser obtida mediante teste de alcoolemia ou toxicológico, exame clínico, perícia, vídeo, prova testemunhal ou outros meios de prova em direito admitidos, observado o direito à contraprova.

A nova sistemática do artigo 306 permite que, havendo recusa na realização do teste do etilômetro ou do exame de sangue específico, sejam realizados outros meios de prova a fim de demonstrar a ebriedade do condutor. Sendo assim, diferentemente do que acontecia sob a égide da antiga Lei Seca (Lei nº 11.705/08), é possível a demonstração da embriaguez por outros meios, ainda que o condutor se recuse a fazer o teste do bafômetro ou o exame de sangue específico.

O anexo II da Resolução 432 do Contran evidencia alguns sinais de alteração da capacidade psicomotora que podem ser usados pelos agentes fiscalizadores para constatar a ebriedade do motorista. Vejamos:

> *V – Relato do condutor:* a) Envolveu-se em acidente de trânsito; b) Declara ter ingerido bebida alcoólica, sim ou não (Em caso positivo, quando); c) Declara ter feito uso de substância psicoativa que determine dependência, sim ou não (Em caso positivo, quando); *VI – Sinais observados pelo agente fiscalizador: a) Quanto à aparência, se o condutor apresenta:* i. Sonolência; ii. Olhos vermelhos; iii. Vômito; iv. Soluços; v. Desordem nas vestes; vi. Odor de álcool no hálito. *b) Quanto à atitude, se o condutor apresenta:* i. Agressividade; ii. Arrogância; iii. Exaltação; iv. Ironia; v. Falante; vi. Dispersão. *c) Quanto à orientação, se o condutor:* i. sabe onde está; ii. sabe a data e a hora. *d) Quanto à memória, se o condutor:* i. sabe seu endereço; ii. lembra dos atos cometidos; *e) Quanto à capacidade motora e verbal, se o condutor apresenta:* i. Dificuldade no equilíbrio; ii. Fala alterada; (Grifos nossos).

15.4 Consumação e Tentativa

O delito se consuma com a simples condução do veículo com a capacidade psicomotora alterada em razão da influência de álcool ou de outra substância psicoativa que determine dependência, independentemente de condução anormal ou de expor a perigo de dano a incolumidade física de outrem.

Prevalece o entendimento, inclusive nos Tribunais Superiores, de que o delito de embriaguez ao volante é crime de perigo abstrato, dispensando-se a prova de condução anormal ou de perigo a terceiros. Vejamos precedente do Superior Tribunal de Justiça:

> RECURSO ORDINÁRIO EM HABEAS CORPUS. EMBRIAGUEZ AO VOLANTE. TRANCAMENTO DA AÇÃO PENAL. FALTA DE DEMONSTRAÇÃO DO PERIGO CONCRETO QUE TERIA DECORRIDO DA CONDUTA DO ACUSADO. DESNECESSIDADE DE COMPROVAÇÃO DE DIREÇÃO ANORMAL OU PERIGOSA. CRIME DE PERIGO ABSTRATO. CONSTRANGIMENTO ILEGAL NÃO EVIDENCIADO. 1. O crime de embriaguez ao volante é de perigo abstrato, dispensando-se a demonstração da efetiva potencialidade lesiva da conduta daquele que conduz veículo em via pública com capacidade psicomotora alterada em razão da influência de álcool ou de outra substância psicoativa que determine dependência. Precedentes. 2. Na hipótese dos autos, a conduta imputada ao recorrente se amolda, num primeiro momento, ao tipo do artigo 306 do Código de Trânsito Brasileiro, pelo que se mostra incabível o pleito de trancamento da ação penal. 3. Recurso improvido (RHC 58893 MG 2015/0095501-0).

Existem vozes minoritárias que defendem que se trata de crime de perigo concreto, exigindo que o motorista, além de estar embriagado, deve conduzir o veículo de forma anormal, gerando perigo de dano a alguém. Para nós, tal posicionamento não encontra respaldo no artigo 306, pois o tipo penal não menciona tais elementos.

Parte minoritária da doutrina, a exemplo do professor Luiz Flávio Gomes, entende que se trata de crime de perigo abstrato de perigosidade real ou crime de perigo concreto indireto, pois deve o motorista conduzir o veículo automotor embriagado e de forma anormal, dispensando, contudo, a exposição a perigo de vítima certa e determinada. Vejamos:

> Isso foi feito no novo art. 306, porém, aí não se contemplou o chamado perigo abstrato puro ou presumido (tal como ocorria na redação de 2008), sim, o perigo abstrato de perigosidade real, que equivale ao perigo concreto indireto. Se a lesão significa uma efetiva ofensa ao bem jurídico, se o perigo concreto é uma probabilidade de lesão, se o perigo concreto indireto (ou perigo abstrato de perigosidade real) é uma probabilidade de perigo concreto, o perigo abstrato puro (ou presumido) é uma mera possibilidade de perigo (1) de perigo (2) de perigo (3) concreto. Essa

tríplice incidência do perigo é inadmissível no direito penal, porque se distancia demasiadamente do bem jurídico protegido.[73]

Não é possível a tentativa: ou existe a condução do veículo automotor e o crime se o consuma, ou não há a condução do veículo e não haverá crime.

15.5 Elemento Subjetivo

É o dolo. Não há previsão da forma culposa, nem se exige elemento subjetivo do tipo.

15.6 Infração Administrativa

Além de tipificar como crime, o Código de Trânsito Brasileiro elenca no rol das infrações administrativas a embriaguez ao volante.

Segundo o artigo 165 do Código de Trânsito, haverá infração administrativa se o condutor "Dirigir sob a influência de álcool ou de qualquer outra substância psicoativa que determine dependência".

Trata-se de infração gravíssima, passível de multa (dez vezes) e suspensão do direito de dirigir por 12 (doze) meses, tendo como medida administrativa o recolhimento do documento de habilitação e retenção do veículo, caso não exista condutor habilitado no local da infração para retirar o veículo (art. 270, §4º, do CTB). Além do mais, em caso de reincidência no período de até 12 (doze) meses, a multa será aplicada em dobro.

Note-se que, para configuração da infração administrativa, o dispositivo não exige patamar mínimo de concentração de álcool por litro de sangue ou de outra substância psicoativa que determine dependência. Assim, qualquer quantidade já está apta a ensejá-la.

Ainda nesse contexto, dispõe o artigo 165-A do Código de Trânsito que:

> Art. 165-A. Recusar-se a ser submetido a teste, exame clínico, perícia ou outro procedimento que permita certificar influência de álcool ou outra substância psicoativa, na forma estabelecida pelo art. 277:

---

[73] GOMES, Luiz Flávio. *Embriaguez ao volante*: não basta o perigo presumido. Disponível em: http://institutoavantebrasil.com.br/embriaguez-ao-volante-nao-basta-o-perigo-presumido. Acesso em: 21 jul. 2019.

Infração – gravíssima;
Penalidade – multa (dez vezes) e suspensão do direito de dirigir por 12 (doze) meses;
Medida administrativa – recolhimento do documento de habilitação e retenção do veículo, observado o disposto no §4º do art. 270.
Parágrafo único. Aplica-se em dobro a multa prevista no *caput* em caso de reincidência no período de até 12 (doze) meses.

O legislador considerou como infração administrativa a recusa à realização de qualquer procedimento que permita averiguar a influência de álcool ou de outra substância psicoativa. Tem-se discutido a inconstitucionalidade desse dispositivo, tendo em vista que ninguém pode ser obrigado a produzir prova contra si mesmo, corolário do princípio da não autoincriminação. Até porque, nesse caso, a realização dos testes que certificam a existência de embriaguez podem acarretar a responsabilização penal. Nesse sentido, ensina Fernando Capez:

> Tal punição é inconstitucional, mesmo em se tratando de uma infração administrativa, diante do princípio de que ninguém é obrigado a fazer prova contra si mesmo, principalmente porque da submissão do sujeito ao exame derivarão reflexos penais.[74]

Em sentido contrário, Márcio André Lopes Cavalcanti, com razão, afirma que o referido dispositivo é constitucional:

> Isso significa que o art. 165-A do CTB é inconstitucional? Penso que não. O princípio da não autoincriminação tem aplicação mitigada quando estamos fora da esfera penal. O suspeito ou acusado de ilícito administrativo não tem o dever de produzir provas contra si, no entanto, esta sua recusa poderá sim ser punida com sanções administrativas decorrentes de sua omissão. Imagine, por exemplo, que determinado contribuinte tenha recebido altos valores decorrentes de atividades ilícitas. A fim de não produzir provas contra si mesmo, ele decide não descrever tais valores no imposto de renda. Ocorre que é um dever do contribuinte declarar todos os rendimentos recebidos. Caso esta situação seja descoberta, ele irá receber uma sanção administrativa (multa de ofício) aplicada pela Receita Federal e não poderá invocar o princípio da não autoincriminação como argumento para isentá-lo da punição administrativa.[75]

---

[74] CAPEZ, Fernando. *Curso de Direito Penal*. 11. ed. São Paulo: Saraiva, 2016. v. 4 – Legislação pena especial. p. 331.
[75] CAVALCANTI, Márcio André Lopes. Lei 13.281/2016 e as consequências diante da recusa em se submeter ao bafômetro. *Dizer o direito*, 9 maio 2016. Disponível em: http://www.

Nessa senda, o mesmo acontece no âmbito civil no que diz respeito à recusa em fazer o exame de DNA. O suposto pai não precisa realizar o teste de DNA, mas sua recusa presume a paternidade. Vejamos a Súmula 301 do Superior Tribunal de Justiça:"Em ação investigatória, a recusa do suposto pai a submeter-se ao exame de DNA induz presunção *juris tantum* de paternidade". Nessa hipótese, não há que falar em violação ao princípio da não autoincriminação, mas, sim, em aplicação de regras probatórias.

É válido lembrar, ainda, que o art. 277 estabelece que

> Art. 277. O condutor de veículo automotor envolvido em acidente de trânsito ou que for alvo de fiscalização de trânsito poderá ser submetido a teste, exame clínico, perícia ou outro procedimento que, por meios técnicos ou científicos, na forma disciplinada pelo Contran, permita certificar influência de álcool ou outra substância psicoativa que determine dependência.
> (...)
> §2º A infração prevista no art. 165 também poderá ser caracterizada mediante imagem, vídeo, constatação de sinais que indiquem, na forma disciplinada pelo Contran, alteração da capacidade psicomotora ou produção de quaisquer outras provas em direito admitidas.
> §3º Serão aplicadas as penalidades e medidas administrativas estabelecidas no art. 165-A deste Código ao condutor que se recusar a se submeter a qualquer dos procedimentos previstos no *caput* deste artigo.

Sobre essa disposição legal, aplicam-se os mesmos comentários do art. 165-A no que concerne ao princípio da não autoincriminação, arrematando com o lúcido e escorreito comentário de Renato Brasileiro de Lima pela constitucionalidade do dispositivo:

> O fato de o art. 277, §3º, do CTB, prever a aplicação de penalidades e medidas administrativas ao condutor que não se sujeitar a qualquer dos procedimentos previstos no *caput* do referido artigo é perfeitamente constitucional. Ao contrário do que ocorre no âmbito criminal, em que, por força do princípio da presunção de inocência, não se admite eventual inversão do ônus da prova em virtude de recusa do acusado em se submeter a uma prova invasiva, no âmbito administrativo, o agente também não é obrigado a produzir prova contra si mesmo, porém, como não se aplica a regra probatória que deriva do princípio da presunção de

---

dizerodireito.com.br/2016/05/lei-132812016-e-as-consequencias-diante.html. Acesso em: 21 jul. 2019.

inocência, a controvérsia pode ser resolvida com base na regra do ônus da prova, sendo que a recusa do agente em se submeter ao exame pode ser interpretada em seu prejuízo, no contexto do conjunto probatório, com a consequente imposição das penalidades e das medidas administrativas previstas no art. 165 do CTB.[76]

Aliás, sobre o fato de o agente se recusar a realizar o teste do etilômetro ou os exames clínicos que comprovem a embriaguez, acarretando a infração administrativa do art. 277 do Código de Trânsito, o Superior Tribunal de Justiça fixou o seguinte entendimento:

> Discute-se a consequência administrativa da recusa do condutor de veículo automotor a se submeter a teste, exame clínico, perícia ou outro procedimento que permita certificar influência de álcool ou outra substância psicoativa. O art. 165 do CTB prevê sanções e medidas administrativas para quem dirigir sob a influência de álcool ou de qualquer outra substância psicoativa que determine dependência. Já o art. 277, §3º, na redação dada pela Lei nº 11.705/2008, determina a aplicação das mesmas penalidades e restrições administrativas do art. 165 ao condutor que se recusar a se submeter a testes de alcoolemia, exames clínicos, perícia ou outro exame que permitam certificar seu estado (art. 277, caput). Dessume-se haver duas infrações autônomas, embora com mesmo apenamento: (i) dirigir embriagado; (ii) recusar-se o condutor a se submeter a procedimentos que permitam aos agentes de trânsito apurar o seu estado. Cumpre salientar que a recusa em se submeter ao teste do bafômetro não presume a embriaguez do art. 165 do CTB, tampouco se confunde com a infração ali estabelecida. Apenas enseja a aplicação de idêntica penalidade pelo descumprimento do dever positivo previsto no art. 277, caput, por remissão ao consequente legal, como forma de desestimular a obstrução da fiscalização e a colocação de dificuldades na apuração da segurança viária. Releva observar que o art. 277, caput, do CTB se limita a estipular uma obrigação de fazer imposta por lei, cuja inobservância acarreta os efeitos do seu §3º. A prova da referida infração é a de descumprimento do dever de agir. Tão só. Sem necessidade de termo testemunhal ou outro meio idôneo admitido no §2º do mesmo dispositivo legal. Caso o CTB não punisse o condutor que descumpre a obrigação de fazer prevista na legislação na mesma proporção do desrespeito ao tipo legal que a fiscalização viária tem o dever de reprimir, o indivíduo desviante sempre optaria pela consequência menos gravosa, tornando o dever estabelecido do caput do art. 277 mera faculdade estabelecida em favor do motorista, em detrimento

---

[76] LIMA, Renato Brasileiro de. *Manual de Processo Penal*. Salvador: JusPodivm, 2015. p. 81-82.

da real finalidade dos procedimentos técnicos e científicos colocados à disposição dos agentes de trânsito na prevenção de acidentes. Destarte, a identidade de penas, mercê da diversidade de tipos infracionais, nada mais é do que resultado lógico da previsão adequada na legislação de mecanismo para assegurar efetividade à determinação de regras de conduta compatíveis com a política legislativa estabelecida pela norma.

Outrossim, tem-se que a norma prevista não afronta o princípio nemo tenetur se detegere, cuja origem remonta na garantia constitucional contra a autoincriminação e no direito do acusado de permanecer calado, sem ser coagido a produzir provas contra si mesmo. Tal princípio aplica-se de forma irrestrita aos processos penais, sendo essa a sua esfera nuclear de proteção. É possível admitir a incidência ampliada do princípio quando determinada infração administrativa também constituir ilícito penal. Nas situações, entretanto, em que a independência das instâncias é absoluta e os tipos infracionais distintos, a garantia não guarda aplicação. É o caso do §3º do art. 277 do CTB, pois este se dirige a deveres instrumentais de natureza estritamente administrativa, sem conteúdo criminal, em que as sanções estabelecidas têm caráter meramente persuasório da observância da legislação de trânsito (REsp 1.677.380-RS, Relator: Min. Herman Benjamin, por unanimidade, julgado em 10.10.2017, *DJe* 16.10.2017).

15.7 Concurso de Crimes

Se o motorista pratica o crime de embriaguez ao volante (art. 306) e ainda é inabilitado para condução do veículo (art. 309), responderá apenas pelo crime de embriaguez, ficando o delito do artigo 309 absorvido, tendo em vista que ambas as incriminações decorrem da mesma situação de risco. Haverá, contudo, a incidência da agravante do artigo 298, III, do Código de Trânsito.

Antes da Lei nº 13.546/17, discutia-se se o motorista que praticava o crime de embriaguez ao volante (art. 306) e ainda cometia os crimes de homicídio ou lesão corporal culposos, no mesmo contexto fático, responderia por crime único ou por ambas as infrações em concurso de crimes. Sobre o tema, a doutrina leciona que o crime de dano absorve o crime de perigo, significando dizer que os crimes de homicídio ou de lesão corporal culposa absorviam o delito de embriaguez na direção, não havendo que se falar em concurso material ou formal de crimes. Nesse sentido, Renato Marcão ensinava que:

> Considerando que o crime do art. 306 do CTB (embriaguez ao volante ou condução de veículo sob efeito de substância psicoativa que determine

dependência) é crime de perigo, e que o crime de homicídio é crime de dano (CTB, art. 302), por força do princípio da consunção, consumado o dano que a norma tem por escopo exatamente evitar, não se faz juridicamente possível a instauração de processo, e menos ainda decreto de condenação, versando sobre concurso entre os crimes de "embriaguez ao volante" e homicídio culposo de trânsito. Como é cediço, o crime de dano absorve o crime de perigo (STF, HC 80.289-3/MG, Relator: Min. Celso de Mello, *DJU* de 2.2.2001, Revista Jurídica n. 280, p. 140-143), e por isso a correta imputação deverá estar fundamentada, única e exclusivamente, no art. 302, §2º, primeira parte, do CTB.[77]

Contudo, a jurisprudência dos Tribunais Estaduais, em nossa opinião de forma acertada, admitia o concurso material entre o crime de embriaguez na direção e os delitos de homicídio culposo e lesão corporal culposa na direção de veículo automotor, ao fundamento de que são condutas autônomas, que protegem bens jurídicos diversos, além de não se tratar de crime-meio e crime-fim.[78]

Entendíamos acertada essa posição, tendo em vista que o momento consumativo dos delitos era diverso. Ao conduzir o veículo automotor com capacidade psicomotora alterada, o agente já incidia no delito do artigo 306. Havendo, também, homicídio culposo ou lesão corporal culposa, seria em um segundo momento, distinto da consumação do delito de embriaguez. Além do mais, não se tratava de crime-meio e crime-fim. Era possível a prática do crime de embriaguez ao volante sem que houvesse o crime de homicídio ou de lesão corporal culposa e vice-versa. Não havia relação de causalidade obrigatória. Demais disso, o artigo 302, §2º, do Código de Trânsito, o qual fazia menção à prática de homicídio culposo na direção de veículo automotor no contexto de embriaguez, tinha sido revogado pela Lei nº 13.281/16.

---

[77] MARCÃO, Renato. *Crimes de trânsito*: anotações e interpretação jurisprudencial da parte criminal da Lei nº 9.503, de 23.9.1997. 5. ed. São Paulo: Saraiva, 2014. p. 178.

[78] "(...) Restando comprovada durante instrução processual a embriaguez do apelante, por teste de alcoolemia, não há que se falar em absolvição, devendo ser mantida a condenação pelo crime do art. 306 do CTB . A hipótese dos autos encerra situação de concurso material de crimes, nos termos do art. 69 do Código Penal. Na espécie, o agente, conduzindo veículo automotor sob a influência de álcool, se envolveu em um acidente de trânsito e causou lesão corporal na vítima. As condutas são autônomas. Deve prevalecer o concurso material de crimes. Os crimes de lesão corporal culposa na direção de veículo automotor e embriaguez ao volante tutelam bens jurídicos distintos. O objeto jurídico do primeiro é a integridade física do ser humano, já o objeto jurídico da embriaguez ao volante é a segurança viária. Os delitos tutelam bens jurídicos diversos e possuem momentos consumativos distintos" (TJ-MS – Apelação APL 00000388920118120010).

Assim, não víamos impedimento para o reconhecimento do concurso material entre esses delitos.

No entanto, com a entrada em vigor da Lei nº 13.546/17, incluiu-se o §3º ao artigo 302 e o §2º ao artigo 303, ambos do Código de Trânsito, funcionando a embriaguez ou influência de outra substância psicoativa que determine dependência como qualificadora dos crimes de homicídio culposo e de lesão corporal culposa na direção de veículo automotor.

Assim, o delito de Embriaguez na Direção de Veículo Automotor deverá ser absorvido pelo homicídio culposo ou pela lesão corporal culposa (se estas forem de natureza grave ou gravíssima), já que a ebriedade será utilizada para qualificar estas infrações. Por essa razão, não haverá o delito autônomo do art. 306 do Código de Trânsito, sob pena de *bis in idem*.

15.8 Ação Penal

Trata-se de crime de ação penal pública incondicionada.

É possível o benefício da suspensão condicional do processo, eis que a pena mínima cominada é inferior a 01 (um) ano.

15.9 Aferição da Embriaguez por Aparelho Homologado pelo Inmetro

A Lei nº 13.840/19 acrescentou o §4º ao artigo 306 do Código de Trânsito, determinando que "poderá ser empregado qualquer aparelho homologado pelo Instituto Nacional de Metrologia, Qualidade e Tecnologia – INMETRO – para se determinar o previsto no *caput*".

O citado dispositivo tem o intuito de evitar discussões a respeito da adequação ou não de determinado aparelho para aferição da embriaguez. Vale dizer, se o aparelho utilizado para realização do teste de ebriedade for homologado pelo Inmetro, ele será considerado hábil para constatação da embriaguez.

Atualmente, costuma-se utilizar o "bafômetro" (etilômetro) para realização do exame de alcoolemia. Todavia, com a nova Lei, quaisquer outros aparelhos homologados pelo Inmetro também serão instrumentos aptos para essa constatação.

CAPÍTULO 16

VIOLAÇÃO DE SUSPENSÃO OU PROIBIÇÃO

Art. 307. Violar a suspensão ou a proibição de se obter a permissão ou a habilitação para dirigir veículo automotor imposta com fundamento neste Código:
Penas – detenção, de seis meses a um ano e multa, com nova imposição adicional de idêntico prazo de suspensão ou de proibição.
Parágrafo único. Nas mesmas penas incorre o condenado que deixa de entregar, no prazo estabelecido no §1º do art. 293, a Permissão para Dirigir ou a Carteira de Habilitação.

16.1 Sujeitos do Crime

Quanto ao sujeito ativo, trata-se de crime próprio, podendo ser praticado somente por pessoa que esteja com a habilitação suspensa ou proibida.

Em relação ao sujeito passivo, temos o Estado e a coletividade.

16.2 Bem Jurídico Tutelado

É o respeito à decisão que impôs a penalidade de suspensão ou proibição.

16.3 Tipo Objetivo e Elemento Subjetivo

Violar significar transgredir, infringir. O tipo penal exige que haja violação da suspensão ou da proibição de se obter a permissão ou a habilitação. Em outras palavras, estando o condutor proibido de conduzir veículo automotor, em razão de decisão judicial (definitiva ou cautelar), e é surpreendido na direção de veículo automotor, incidirá na incriminação do dispositivo.

Frise-se, ainda, que a suspensão ou proibição deve ter sido imposta em razão de alguma penalidade criminal fundamentada no próprio Código de Trânsito, respeitado o devido processo legal.

O que se busca com essa incriminação é garantir a higidez da punição imposta, evitando-se que aquele que está suspenso ou proibido de conduzir veículo automotor o faça.

Havia uma controvérsia jurídica no que diz respeito à tipicidade deste crime, qual seja: se a restrição administrativa que impõe a suspensão ou a proibição de se obter a permissão ou a habilitação para dirigir veículo automotor, também era apta para configuração do crime do art. 307, ou se somente a restrição imposta por decisão judicial o era.

Tal discussão bateu às portas do Superior Tribunal de Justiça, decidindo-se que "é atípica a conduta contida no art. 307 do CTB quando a suspensão ou a proibição de se obter a permissão ou a habilitação para dirigir veículo automotor advém de restrição administrativa".[79]

Assim, para configuração do crime em comento, é necessário que haja o descumprimento de decisão judicial que impõe a suspensão ou a proibição de se obter a permissão ou a habilitação para dirigir veículo automotor. A conduta de violar decisão administrativa não configura o delito art. 307 do Código de Trânsito, podendo configurar outra espécie de infração administrativa. Vejamos:

> A controvérsia jurídica cinge-se a analisar se a tipicidade requerida pela descrição penal do art. 307 do CTB abrange tanto a restrição administrativa quanto a judicial que impõe a suspensão ou a proibição de se obter a permissão ou a habilitação para dirigir veículo automotor. A suspensão da habilitação para dirigir veículo automotor, antes restrita a mera penalidade de cunho administrativo, passou a ser disciplinada como sanção criminal autônoma, tanto pelo Código Penal – CP, ao defini-la como modalidade de pena restritiva de direitos, como pelo Código de Trânsito Brasileiro – CTB, ao definir penas para o denominados "crimes de trânsito". Dessarte, resta evidente que o legislador quis qualificar a suspensão ou proibição para dirigir veículo automotor como pena de natureza penal, deixando para a hipótese administrativa o seu viés peculiar. A conduta de violar decisão administrativa que suspende a habilitação para dirigir veículo automotor não configura o crime do

---

[79] HC 427.472-SP, Relatora: Min. Maria Thereza de Assis Moura, por maioria, julgado em 23.08.2018, DJe 12.12.2018 (Informativo 641).

artigo 307, *caput*, do CTB, embora possa constituir outra espécie de infração administrativa, segundo as normas correlatas, pois, dada a natureza penal da sanção, somente a decisão lavrada por juízo penal pode ser objeto do descumprimento previsto no tipo do art. 307, *caput*, do CTB no referido tipo (HC 427.472-SP, Relatora: Min. Maria Thereza de Assis Moura, por maioria, julgado em 23.08.2018, *DJe* 12.12.2018).

A punição ocorrerá a título de dolo, não havendo previsão de modalidade culposa.

16.4 Conduta Equiparada (art. 307, parágrafo único)

Trata-se do crime de omissão na entrega da permissão ou da habilitação, o qual dispõe que, nas mesmas penas do *caput*, incide o motorista que, condenado a entregar sua permissão ou habilitação, não o faz no prazo de 48 (quarenta e oito) horas de sua intimação.[80]

16.5 Consumação e Tentativa

Em relação ao crime descrito no art. 307, *caput*, haverá a consumação quando, apesar de impedido de conduzir veículo automotor em razão de decisão judicial, o agente coloca o veículo em movimento. Não se admite a tentativa, tendo em vista que ou o agente movimenta o veículo e o crime estará consumado, ou não o movimenta e o fato será atípico.

Quanto ao crime do artigo 307, parágrafo único, consuma-se no momento em que, embora devidamente intimado para a entrega da permissão ou habilitação, o agente deixa escoar o prazo de 48 (quarenta e oito) horas sem entregar o documento à autoridade. Não é admitida a tentativa, por se tratar de crime omissivo próprio.

16.6 Ação Penal e Benefícios da Lei nº 9.099/95

A ação penal é pública incondicionada.

---

[80] Art. 293, §1º: "Transitada em julgado a sentença condenatória, o réu será intimado a entregar à autoridade judiciária, em quarenta e oito horas, a Permissão para Dirigir ou a Carteira de Habilitação".

Trata-se de infração de menor potencial ofensivo, uma vez que a pena máxima é inferior a 2 (dois) anos. Por essa razão, é cabível a transação penal.

É possível a suspensão condicional do processo, haja vista que a pena mínima cominada é inferior a 01 (um) ano.

CAPÍTULO 17

PARTICIPAÇÃO EM CORRIDA NÃO AUTORIZADA (CRIME DE "RACHA")

Art. 308. Participar, na direção de veículo automotor, em via pública, de corrida, disputa ou competição automobilística ou ainda de exibição ou demonstração de perícia em manobra de veículo automotor, não autorizada pela autoridade competente, gerando situação de risco à incolumidade pública ou privada: (Redação dada pela Lei nº 13.546, de 2017)
Penas – detenção, de 6 (seis) meses a 3 (três) anos, multa e suspensão ou proibição de se obter a permissão ou a habilitação para dirigir veículo automotor. (Redação dada pela Lei nº 12.971, de 2014)
§1º Se da prática do crime previsto no *caput* resultar lesão corporal de natureza grave, e as circunstâncias demonstrarem que o agente não quis o resultado nem assumiu o risco de produzi-lo, a pena privativa de liberdade é de reclusão, de 3 (três) a 6 (seis) anos, sem prejuízo das outras penas previstas neste artigo. (Incluído pela Lei nº 12.971, de 2014)
§2º Se da prática do crime previsto no *caput* resultar morte, e as circunstâncias demonstrarem que o agente não quis o resultado nem assumiu o risco de produzi-lo, a pena privativa de liberdade é de reclusão de 5 (cinco) a 10 (dez) anos, sem prejuízo das outras penas previstas neste artigo. (Incluído pela Lei nº 12.971, de 2014)

17.1 Bem Jurídico Tutelado

Primordialmente, busca-se tutelar a segurança viária e, em segundo plano, a incolumidade de terceiros (pública ou privada).

17.2 Sujeitos do Crime

Quanto ao sujeito ativo, trata-se de crime comum, podendo ser praticado por qualquer pessoa.

Havendo mais de uma pessoa participando da disputa, haverá concurso necessário entre os condutores.[81] O organizador da corrida, disputa ou competição responderá na condição de partícipe do crime. Da mesma maneira, os passageiros e espectadores que incentivem essa prática responderão como partícipes do crime.

O sujeito passivo é a sociedade.

17.3 Análise do Tipo

A conduta incriminada é *participar*, que significa tomar parte, associar-se, fazer parte.

Inicialmente, a lei exige que a participação seja em corrida, disputa ou competição automobilística não autorizada pela autoridade competente.

Corrida é o ato de correr. Percorrer uma distância predeterminada. *Disputa* é a corrida quando há rivalidade entre os condutores. *Competição* é a corrida quando há vários participantes. Dá-se o crime em todas essas modalidades. O intuito do legislador foi abranger todas as condutas tendentes ao racha, seja tomada de tempo entre os condutores, seja disputa de velocidade entre os veículos, sejam acrobacias ou manobras arriscadas com os veículos (*v.g.* "cavalos de pau", equilibrar motocicletas sobre uma roda) etc.

Num segundo momento, a Lei nº 13.546/17[82] acrescentou ao artigo 308 a expressão "ou ainda de exibição ou demonstração de perícia em manobra de veículo automotor". Essa alteração legislativa teve por objetivo incriminar a conduta do agente que, sem disputar propriamente um "racha" com alguém, realiza manobras em veículo automotor, com o intuito de exibir ou demonstrar perícia no veículo, a exemplo do motociclista que equilibra a motocicleta em um único pneu ou do condutor do veículo que prática a manobra conhecida como "cavalo de pau". Nessa hipótese, mesmo que não haja corrida, disputa ou competição, caracterizar-se-á o crime do artigo 308.

---

[81] CAPEZ, Fernando. *Curso de Direito Penal*. 11. ed. São Paulo: Saraiva, 2016. v. 4 – Legislação pena especial. p. 336.

[82] A Lei nº 13.546/2017 entrou em vigor no dia 19 de abril de 2018, portanto, a incriminação decorrente dela somente será aplicável a partir dessa data, em respeito à irretroatividade da lei penal.

É necessário que a corrida, a disputa, a competição automobilística ou a demonstração de perícia não sejam autorizadas pela autoridade competente. Havendo autorização da autoridade competente, não existirá o delito.

O tipo informa que o "racha" deve acontecer em via pública. Dessa maneira, se a conduta for praticada em locais privados (ou fechados), a exemplo das ruas de um condomínio, não ocorrerá o delito.

Há necessidade de que a conduta gere situação de risco à incolumidade pública ou privada. Nesse particular, discute-se a natureza do delito de racha, no sentido de se tratar de crime de perigo concreto ou abstrato.

Prevalece o entendimento de que o crime de racha é de perigo concreto de vítima difusa, significando dizer que há necessidade da demonstração efetiva do perigo, contudo, dispensa-se a existência de vítima certa e determinada. O que se exige é a comprovação de que a corrida, disputa ou competição colocou em risco a segurança viária, sendo desnecessária a indicação de vítima certa e determinada. Marcellus Polastri comenta a questão:

> Portanto, continua sendo necessária probabilidade de dano (risco à incolumidade), o que aqui quase sempre ocorrerá, pois o legislador não visa somente o risco de dano à incolumidade pública, mas também à privada. Vale dizer, mesmo se a rua estiver deserta, sem transeuntes ou movimento, que sempre haverá risco de dano concreto aferível em razão do patrimônio público (postes, obras) ou privado (lojas, residências). A ação é particularmente das mais perigosas.[83]

17.4 Consumação e Tentativa

O delito se consumará no momento da corrida, disputa ou competição automobilística não autorizada pela autoridade competente, com violação às normas de segurança no trânsito.

Não é possível a tentativa, pois ou o racha se inicia e o crime se consuma, ou não se inicia e não haverá crime.

---

[83] POLASTRI, Marcellus. *Crimes de Trânsito*: Aspectos Penais e Processuais. 2. ed. São Paulo: Atlas, 2015. p. 150.

17.5 Elemento Subjetivo

É o dolo. Não há previsão da forma culposa, nem se exige elemento subjetivo do tipo.

17.6 Infração Administrativa

O Código de Trânsito prevê como infração administrativa a prática de racha nos arts. 173 e 174:

Art. 173. Disputar corrida: Infração – gravíssima; Penalidade – multa (dez vezes), suspensão do direito de dirigir e apreensão do veículo; Medida administrativa – recolhimento do documento de habilitação e remoção do veículo. Parágrafo único. Aplica-se em dobro a multa prevista no *caput* em caso de reincidência no período de 12 (doze) meses da infração anterior.

Art. 174. Promover, na via, competição, eventos organizados, exibição e demonstração de perícia em manobra de veículo, ou deles participar, como condutor, sem permissão da autoridade de trânsito com circunscrição sobre a via: Infração – gravíssima; Penalidade – multa (dez vezes), suspensão do direito de dirigir e apreensão do veículo; Medida administrativa – recolhimento do documento de habilitação e remoção do veículo. §1º As penalidades são aplicáveis aos promotores e aos condutores participantes. §2º Aplica-se em dobro a multa prevista no *caput* em caso de reincidência no período de 12 (doze) meses da infração anterior.

O condutor pode ser responsabilizado penal e administrativamente, sem que isso acarrete *bis in idem*, uma vez que ambas as sanções possuem naturezas diversas.

17.7 Qualificadoras

O artigo 308, §§1º e 2º, do Código de Trânsito institui o racha qualificado. Para fins didáticos, vejamos a tabela abaixo.

Conduta	Pena
Se do racha resultar lesão corporal *culposa* de natureza grave	Pena: 03 (três) a 06 (seis) anos
Se do racha resultar morte *culposa*	Pena: 05 (cinco) a 10 (dez) anos

Segundo o artigo 308, §1º, se da prática do racha resulta lesão corporal culposa de natureza grave, a pena será de 03 (três) a 06 (seis) anos. Frise-se que a lesão corporal de natureza gravíssima também se presta a qualificar o crime. A gravidade das lesões são elencadas no art. 129, §§1º e 2º, do Código Penal.

De acordo com o art. 308, §2º, se do racha resulta morte culposa, a pena será de 05 (cinco) a 10 (dez) anos.

Importante salientar que, antes da Lei nº 13.281/16, havia discussão sobre a proporcionalidade das penas aplicadas em relação ao crime de racha com resultado lesão corporal grave de natureza culposa quando comparadas ao crime de racha seguido de morte, conforme ensinava Guilherme de Souza Nucci:

> Inaplicabilidade pelo princípio da proporcionalidade: se o agente, disputando um "racha", provocar a morte da vítima, reconhecendo-se culpa, responde por homicídio culposo qualificado (art. 302, §2º), cuja pena é de reclusão, de 2 a 4 anos e suspensão ou proibição de dirigir. Ora, se praticar um "racha", provocando lesões graves na vítima, advindo da sua culpa, não pode receber uma pena de reclusão, de 3 a 6 anos. O absurdo é evidente. Quem lesiona culposamente receberia pena superior a quem mata. Diante do impasse, quem disputar "racha" e lesionar a integridade física de outrem, por culpa, deve responder por lesão culposa (art. 303).[84]

A celeuma se dava porque o artigo 302, §2º, do Código de Trânsito trazia a mesma incriminação do artigo 308, §2º, do Código de Trânsito, porém com penas diferentes (ver explicação no Item 11.9). Contudo, com a entrada em vigor da Lei nº 13.281/16, não há mais que se falar em desproporcionalidade das penas, tendo em vista que o artigo 302, §2º, do Código de Trânsito foi revogado, aplicando-se ao racha seguido de morte a pena de 05 (cinco) a 10 (dez) anos prevista no artigo 308, §2º, do Código de Trânsito. Por essa razão, a pena de 03 (três) a 06 (seis) anos do racha com resultado lesão corporal culposa de natureza grave passou a ser proporcional.

---

[84] NUCCI, Guilherme de Souza. *Leis penais e processuais penais comentadas*. 8. ed. rev., atual. e ampl. Rio de Janeiro: Forense, 2014. v. 2. p. 2521. (*E-book*).

17.8 Ação Penal e Benefícios da Lei nº 9.099/95

A ação penal é pública incondicionada.

Não se trata de infração de menor potencial ofensivo, pois a pena máxima suplanta 02 (dois) anos.

É possível a suspensão condicional do processo no racha previsto no art. 308, *caput*, tendo em vista que a pena mínima é inferior a 01 (um) ano.

As figuras qualificadas (art. 308, §§1º e 2º) não comportam nenhum benefício da Lei nº 9.099/95.

CAPÍTULO 18

DIRIGIR VEÍCULO AUTOMOTOR SEM PERMISSÃO OU HABILITAÇÃO

Art. 309. Dirigir veículo automotor, em via pública, sem a devida Permissão para Dirigir ou Habilitação ou, ainda, se cassado o direito de dirigir, gerando perigo de dano:
Penas – detenção, de seis meses a um ano, ou multa.

18.1 Sujeitos do Crime

Quanto ao sujeito ativo, trata-se de crime comum, podendo ser praticado por qualquer pessoa.

Fernando Capez ensina que

(...) Trata-se de crime de mão própria, que admite o concurso de pessoas apenas na modalidade de participação, sendo incompatível com a coautoria. É partícipe do crime aquele que, por exemplo, estimula ou instiga o agente a dirigir de forma anormal, ciente de que este não é habilitado. Saliente-se, entretanto, que a pessoa que permite, entrega ou confia a direção de veículo automotor a pessoa não habilitada responde pelo crime autônomo do art. 310 (e não como mero partícipe do crime do art. 309).[85]

O sujeito passivo é a coletividade.

18.2 Bem Jurídico Tutelado

Tutela-se a incolumidade pública, no que diz respeito à segurança das pessoas no trânsito.

---

[85] CAPEZ, Fernando. *Curso de Direito Penal*. 11. ed. São Paulo: Saraiva, 2016. v. 4 – Legislação pena especial. p. 345.

18.3 Análise do Tipo

O tipo penal descreve a conduta *dirigir*, que significa colocar o veículo em movimento, exercendo o seu controle. A condução do veículo deve acontecer em via pública. Dessa maneira, se a conduta for praticada em locais privados (ou fechados), a exemplo das ruas de um condomínio, não ocorrerá o delito.

O condutor deve ser flagrado sem a devida Permissão para Dirigir ou Habilitação ou, ainda, se cassado o direito de dirigir. Se o condutor dirigir o veículo automotor com a habilitação de categoria diferente da exigida, entende-se que ele não possui a devida permissão ou habilitação, incidindo na presente incriminação.

Caso o condutor esteja com a permissão ou habilitação suspensa ou proibida, o crime será o do artigo 307 do Código de Trânsito (violação de suspensão ou proibição).

O Superior Tribunal de Justiça entende que o condutor que está com habilitação vencida não incide na incriminação do artigo 309, pois não se pode comparar a situação do motorista que deixou de renovar o exame médico com a daquele que sequer prestou os exames para obter a habilitação:

> CRIMINAL. RECURSO ESPECIAL. DIRIGIR VEÍCULO SEM HABILITAÇÃO GERANDO PERIGO DE DANO. ABSOLVIÇÃO. CONDUTOR HABILITADO. EXAME MÉDICO VENCIDO. ATIPICIDADE. RECURSO DESPROVIDO. I. Hipótese em que o réu foi absolvido, ao fundamento de que o ato de conduzir veículo automotor com carteira de habilitação vencida não constitui a conduta tipificada no art. 309, do CTB. II. Se o bem jurídico tutelado pela norma é a incolumidade pública, para que exista o crime é necessário que o condutor do veículo não possua Permissão para Dirigir ou Habilitação, o que não inclui o condutor que, embora habilitado, esteja com a Carteira de Habilitação vencida. III. Não se pode equiparar a situação do condutor que deixou de renovar o exame médico com a daquele que sequer prestou exames para obter a habilitação. IV. Recurso desprovido (REsp 1188333/SC. Relator: Min. Gilson Dipp. T5 – Quinta Turma. Data do Julgamento: 16.12.2010. Publicado em 01.02.2011 – LEXSTJ – Vol. 258 p.278).

As hipóteses de cassação do direito de dirigir estão elencadas no artigo 263 do Código de Trânsito:

Art. 263. A cassação do documento de habilitação dar-se-á:

I – quando, suspenso o direito de dirigir, o infrator conduzir qualquer veículo;
II – no caso de reincidência, no prazo de doze meses, das infrações previstas no inciso III do art. 162 e nos arts. 163, 164, 165, 173, 174 e 175 [*reincidência em infrações gravíssimas*];
III – quando condenado judicialmente por delito de trânsito, observado o disposto no art. 160.

O dispositivo ainda exige que o condutor inabilitado dirija o veículo automotor gerando perigo de dano. Sendo assim, tem-se um crime de perigo concreto de vítima difusa, uma vez que não há necessidade de lesão a vítima certa e determinada, sendo suficiente, para configuração do delito, a condução anormal do veículo, rebaixando-se a segurança do trânsito (dirigir em zigue-zague, na contramão de direção, utilizando apenas uma das rodas da motocicleta etc.). Nesse sentido, leciona Damásio E. de Jesus:

> Transforma-se em crime somente quando o motorista dirige de forma anormal, rebaixando o nível de segurança exigido pelo Estado e, assim, expondo um número indeterminado de pessoas a perigo de dano (perigo coletivo, comum). A nova formulação típica atende ao reclamo da doutrina mundial no sentido da descriminação da infração do antigo art. 32 da LCP, transformando o fato, quando praticado sem risco à incolumidade pública, em simples ilícito administrativo.[86]

Se o motorista encontra-se dirigindo o veículo automotor sem a devida Permissão ou Habilitação ou, ainda, se cassado o direito de dirigir, mas não gera perigo de dano, será responsabilizado apenas pela infração administrativa do artigo 162, incisos I, II e III, do Código de Trânsito.[87]

---

[86] JESUS, Damásio de. *Crimes de Trânsito*: Anotações à Parte Criminal. 8. ed. São Paulo: Saraiva, 2009. p. 210.
[87] "Art. 162. Dirigir veículo: I – sem possuir Carteira Nacional de Habilitação, Permissão para Dirigir ou Autorização para Conduzir Ciclomotor. Infração – gravíssima; Penalidade – multa (três vezes); Medida administrativa – retenção do veículo até a apresentação de condutor habilitado; II – com Carteira Nacional de Habilitação, Permissão para Dirigir ou Autorização para Conduzir Ciclomotor cassada ou com suspensão do direito de dirigir: Infração – gravíssima; Penalidade – multa (três vezes); Medida administrativa – recolhimento do documento de habilitação e retenção do veículo até a apresentação de condutor habilitado; III – com Carteira Nacional de Habilitação ou Permissão para Dirigir de categoria diferente da do veículo que esteja conduzindo: Infração – gravíssima; Penalidade – multa (duas vezes); Medida administrativa – retenção do veículo até a apresentação de condutor habilitado;".

18.4 Derrogação do art. 32 da Lei de Contravenções Penais

Dispõe o art. 32 da Lei de Contravenções Penais que "Dirigir, sem a devida habilitação, veículo na via pública, ou embarcação a motor em águas públicas: Pena – multa, de duzentos mil réis a dois contos de réis". Verifica-se que o art. 32 da LCP traz duas condutas incriminadas: 1) Dirigir, sem a devida habilitação, veículo na via pública; e 2) Dirigir, sem a devida habilitação, embarcação a motor em águas públicas.

Houve a derrogação do artigo 32 da LCP no que concerne a "Dirigir, sem a devida habilitação, *veículo na via pública*" (grifo nosso), tendo em vista que o artigo 309 do Código de Trânsito, lei posterior e especial ao dispositivo previsto na Lei de Contravenções Penais, regulou toda a matéria. Importante frisar que o art. 32 da Lei de Contravenções concebia uma contravenção de perigo abstrato, pois não exigia a geração efetiva de perigo à incolumidade pública. Tal quadro foi alterado com o art. 309 do Código de Trânsito, como visto no item anterior (18.3).

Quanto à segunda parte do dispositivo: "Dirigir, sem a devida habilitação, *embarcação a motor em águas públicas*" (grifo nosso), esta continua vigente, tendo em vista que o art. 309 do Código de Trânsito não regulamentou a matéria. Nesse sentido é o entendimento da maioria da doutrina, a exemplo de Marcellus Polastri:[88]

> Em relação ao concurso aparente de normas, a principal indagação é sobre a revogação ou não da contravenção penal do art. 32 da Lei de Contravenções Penais. De se notar que o tipo contravencional é mais abrangente, referindo-se a outros tipos de veículos como a direção de embarcações em águas públicas, e, neste caso, continua em vigor, donde se conclui que ocorreu somente uma revogação parcial, ou uma derrogação.

Nessa linha de raciocínio, o Supremo Tribunal Federal editou a Súmula 720:

> O art. 309 do Código de Trânsito Brasileiro, que reclama decorra do fato perigo de dano, derrogou o art. 32 da Lei das Contravenções Penais no tocante à direção sem habilitação em vias terrestres.

---

[88] POLASTRI, Marcellus. *Crimes de Trânsito*: Aspectos Penais e Processuais. 2. ed. São Paulo: Atlas, 2015. p. 157.

18.5 Elemento Subjetivo

É o dolo. Não há previsão da forma culposa, nem se exige elemento subjetivo do tipo.

18.6 Consumação e Tentativa

Consuma-se o delito no momento em que o condutor dirige o veículo de maneira anormal, rebaixando a segurança do trânsito. A tentativa é inadmissível, pois ou o agente conduz o veículo de forma irregular e o delito estará consumado, ou conduz de forma regular e não haverá crime.

18.7 Ação Penal e Benefícios da Lei nº 9.099/95

A ação penal é pública incondicionada.

Trata-se de infração de menor potencial ofensivo, pois a pena máxima é inferior a 02 (dois) anos. Por essa razão, admite-se a transação penal.

É possível a suspensão condicional do processo, tendo em vista que a pena mínima é inferior a 01 (um) ano.

ENTREGA DE VEÍCULO A PESSOA NÃO HABILITADA

Art. 310. Permitir, confiar ou entregar a direção de veículo automotor a pessoa não habilitada, com habilitação cassada ou com o direito de dirigir suspenso, ou, ainda, a quem, por seu estado de saúde, física ou mental, ou por embriaguez, não esteja em condições de conduzi-lo com segurança:
Penas – detenção, de seis meses a um ano, ou multa.
Art. 310-A. (VETADO) (Incluído pela Lei nº 12.619, de 2012)

19.1 Sujeitos do Crime

Quanto ao sujeito ativo, trata-se de crime comum, podendo ser praticado por qualquer pessoa.
O sujeito passivo é a coletividade.

19.2 Bem Jurídico Tutelado

Tutela-se a segurança viária.

19.3 Análise do Tipo

As condutas incriminadas pelo tipo são:

1) *Permitir ou confiar*: o agente consente, de forma expressa ou tácita, com a utilização do veículo.

2) *Entregar*: significa passar o veículo às mãos de alguém. Este núcleo pressupõe a entrega material do veículo à pessoa não autorizada a conduzi-lo.

O presente delito pode ser praticado tanto por ação quanto por omissão.

Além do mais, para exata subsunção à norma, o tipo penal ainda exige que:

1) a pessoa não seja habilitada. Quando o tipo penal refere-se a pessoa não habilitada, o faz em sentido amplo, abrangendo tanto a ausência de permissão para dirigir quanto de habilitação. Assim, se a pessoa possui permissão para dirigir, não há que se falar em crime, ainda que esta não possua habilitação;

2) com habilitação cassada ou com o direito de dirigir suspenso;

3) indivíduo que, por seu estado de saúde, física ou mental, não esteja em condições de conduzi-lo com segurança;

4) indivíduo que, por embriaguez, não esteja em condições de conduzi-lo com segurança. Ao se referir à embriaguez, não se exige que a embriaguez seja completa.

Trata-se de crime de perigo abstrato, não se exigindo para configuração do crime a ocorrência de lesão ou perigo de lesão concreta na conduta de quem permite, confia ou entrega a direção de veículo automotor a pessoa não habilitada ou nas demais condições acima. Nesse sentido, o Superior Tribunal de Justiça editou a Súmula 575, que dispõe que:

> Constitui crime a conduta de permitir, confiar ou entregar a direção de veículo automotor à pessoa que não seja habilitada, ou que se encontre em qualquer das situações previstas no art. 310 do *CTB*, independentemente da ocorrência de lesão ou de perigo de dano concreto na condução do veículo. (Grifos nossos).

19.4 Elemento Subjetivo

É o dolo. Não há previsão da forma culposa, nem se exige elemento subjetivo do tipo.

19.5 Momento Consumativo

Consuma-se o crime no momento em que o agente permite, confia ou entrega o veículo automotor a uma das pessoas não autorizadas pelo artigo 310. Consoante o tipo penal, trata-se de crime formal, não necessitando da realização do resultado naturalístico para sua configuração. Portanto, não se exige que a pessoa efetivamente dirija o veículo automotor, consumando-se o crime com a conduta do agente de permitir, confiar ou entregar.

Em sentido contrário, Fernando Capez ensina que

> Ocorre apenas quando, após ter recebido o veículo do agente, ou a permissão para usá-lo, o terceiro o coloca em movimento. Não basta, portanto, que o agente permita, confie ou entregue o veículo a uma das pessoas elencadas na lei. Esta parece a solução mais correta, pois, antes de terceiro efetivamente colocar o veículo em movimento, é possível que o agente mude de ideia e impeça a sua condução, hipótese em que deve ser reconhecido o arrependimento eficaz, instituto que seria inaplicável se o crime já se considerasse consumado.[89]

19.6 Ação Penal e Benefícios da Lei nº 9.099/95

A ação penal é pública incondicionada.

Trata-se de infração de menor potencial ofensivo, pois a pena máxima é inferior a 02 (dois) anos. Por essa razão, admite-se a transação penal.

É possível a suspensão condicional do processo, tendo em vista que a pena mínima é inferior a 01 (um) ano.

---

[89] CAPEZ, Fernando. *Curso de Direito Penal*. 11. ed. São Paulo: Saraiva, 2016. v. 4 – Legislação pena especial. p. 347.

EXCESSO DE VELOCIDADE

Art. 311. Trafegar em velocidade incompatível com a segurança nas proximidades de escolas, hospitais, estações de embarque e desembarque de passageiros, logradouros estreitos, ou onde haja grande movimentação ou concentração de pessoas, gerando perigo de dano:
Penas – detenção, de seis meses a um ano, ou multa.

20.1 Sujeitos do Crime

Quanto ao sujeito ativo, trata-se de crime comum, podendo ser praticado por qualquer pessoa.

O sujeito passivo é a coletividade.

20.2 Bem Jurídico Tutelado

Tutela-se a segurança viária.

20.3 Análise do Tipo

O tipo penal incrimina a conduta do agente que trafega em velocidade incompatível com a segurança em locais onde haja grande movimentação e concentração de pessoas. O dispositivo elenca um rol exemplificativo de locais (proximidades de escolas, hospitais, estações de embarque e desembarque de passageiros, logradouros estreitos) e finaliza a redação legal com a fórmula de encerramento "ou onde haja grande movimentação ou concentração de pessoas". Essa expressão deixa claro que é necessário que, nos locais exemplificados pela norma, exista grande movimentação de pessoas. Isso porque a lei exige que, além de o condutor empregar velocidade excessiva, ainda gere perigo de dano, ou seja, que haja possibilidade de alguém ser atingido por sua conduta imprudente. Trata-se, portanto, de crime de perigo concreto. Sobre o fato de o crime ser de perigo concreto, Lúcia Bocardo Batista Pinto e Ronaldo Batista Pinto fazem uma importante reflexão:

> (...) Assim, aquele que trafega em excesso de velocidade, em frente a uma escola, mas durante a madrugada, decerto que não cometeu o delito em exame, pois, neste horário, a escola se encontra fechada, não existindo qualquer movimentação de pessoas, deixando de gerar, assim, o dano à incolumidade pública.[90]

Importante salientar que o tipo penal exige "velocidade incompatível com a segurança" e não "velocidade superior à permitida pela via".[91] Isso é fundamental para a análise do tipo penal, tendo em vista que, mesmo dentro da "velocidade permitida pela via", o condutor pode estar em "velocidade incompatível com a segurança do local". Tome-se como exemplo uma escola situada em uma *via arterial*, a qual possui como velocidade máxima permitida 60 km/h. No momento da saída dos alunos, onde exista travessia de pedestres, pais estacionando seus veículos para buscar seus filhos, ônibus escolares estacionados etc., certamente o tráfego de veículos não poderá ser de 60 km/h, pois será "velocidade incompatível com a segurança".

Portanto, o que o tipo penal busca é a "velocidade incompatível com a segurança", e não a "velocidade máxima da via". Disso, pode-se

---

[90] PINTO, Lúcia Bocardo Batista; PINTO, Ronaldo Batista. *Legislação Penal Especial*. São Paulo: Revista dos Tribunais, 2009. v. 6. (Coleção Ciências Criminais). p. 1014.
[91] Art. 61 do CTB. "A velocidade máxima permitida para a via será indicada por meio de sinalização, obedecidas suas características técnicas e as condições de trânsito. §1º Onde não existir sinalização regulamentadora, a velocidade máxima será de: I – nas vias urbanas: a) oitenta quilômetros por hora, nas vias de trânsito rápido: b) sessenta quilômetros por hora, nas vias arteriais; c) quarenta quilômetros por hora, nas vias coletoras; d) trinta quilômetros por hora, nas vias locais; II – nas vias rurais: a) nas rodovias de pista dupla: 1. 110 km/h (cento e dez quilômetros por hora) para automóveis, camionetas e motocicletas; 2. 90 km/h (noventa quilômetros por hora) para os demais veículos; 3. (revogado); b) nas rodovias de pista simples: 1. 100 km/h (cem quilômetros por hora) para automóveis, camionetas e motocicletas; 2. 90 km/h (noventa quilômetros por hora) para os demais veículos; c) nas estradas: 60 km/h (sessenta quilômetros por hora). §2º O órgão ou entidade de trânsito ou rodoviário com circunscrição sobre a via poderá regulamentar, por meio de sinalização, velocidades superiores ou inferiores àquelas estabelecidas no parágrafo anterior. Art. 62. A velocidade mínima não poderá ser inferior à metade da velocidade máxima estabelecida, respeitadas as condições operacionais de trânsito e da via".

concluir pela desnecessidade da realização de perícia ou da utilização de equipamentos para mensurar a velocidade empreendida pelo veículo, podendo ser realizada prova por outros meios, a exemplo da prova testemunhal.

20.4 Elemento Subjetivo

É o dolo. Não há previsão da forma culposa, nem se exige elemento subjetivo do tipo.

20.5 Consumação e Tentativa

Consuma-se o delito quando o agente imprime velocidade incompatível com a via em algum dos locais mencionados na lei, gerando perigo de dano.

A tentativa não é admitida.

20.6 Concurso de Crimes

Se do excesso de velocidade acarretar acidente de trânsito que cause morte culposa ou lesão corporal culposa, o crime do artigo 311 ficará absorvido pelos delitos dos artigos 302 ou 303 do Código de Trânsito.

20.7 Ação Penal e Benefícios da Lei nº 9.099/95

A ação penal é pública incondicionada.

Trata-se de infração de menor potencial ofensivo, pois a pena máxima é inferior a 02 (dois) anos. Por essa razão, admite-se a transação penal.

É possível a suspensão condicional do processo, tendo em vista que a pena mínima é inferior a 01 (um) ano.

FRAUDE EM PROCEDIMENTO APURATÓRIO

Art. 312. Inovar artificiosamente, em caso de acidente automobilístico com vítima, na pendência do respectivo procedimento policial preparatório, inquérito policial ou processo penal, o estado de lugar, de coisa ou de pessoa, a fim de induzir a erro o agente policial, o perito, ou juiz:
Penas – detenção, de seis meses a um ano, ou multa.
Parágrafo único. Aplica-se o disposto neste artigo, ainda que não iniciados, quando da inovação, o procedimento preparatório, o inquérito ou o processo aos quais se refere.

21.1 Sujeitos do Crime

Quanto ao sujeito ativo, trata-se de crime comum, podendo ser praticado por qualquer pessoa.

O sujeito passivo é o Estado.

21.2 Bem Jurídico Tutelado

Tutela-se a administração da justiça.

21.3 Análise do Tipo

Inicialmente, frisamos que este dispositivo derrogou o crime de fraude processual previsto no artigo 347 do Código Penal, no que diz respeito à apuração de acidentes de trânsito. Isso porque o art. 312 do Código de Trânsito é lei posterior e especial ao art. 347 do Código Penal, regulando integralmente a matéria no que concerne à apuração de acidente de trânsito.

Para configuração do crime, exige-se, obviamente, a ocorrência de um acidente de trânsito (sem acidente, não há como se falar em inovação artificiosa). O presente delito dispõe sobre hipótese de fraude processual. O agente altera (cria uma situação nova), maliciosamente, o estado de lugar, de coisa ou de pessoa, com o intuito de induzir a erro o agente policial, o perito ou o juiz. A conduta descrita no artigo 312 pune o agente que altera a cena do acidente de trânsito, com a intenção de levar a erro as autoridades mencionadas e evitar a responsabilização.

Tome-se como exemplo o agente que, ao avançar a placa de "Pare" e colidir o veículo, remove a referida placa para que não seja incriminado ou, ainda, o agente que altera o corpo da vítima de lugar para se esquivar da responsabilidade.

O artigo 312 exige que a inovação ocorra "na pendência do respectivo procedimento policial preparatório, inquérito policial ou processo penal". Guilherme de Souza Nucci entende se tratar de cautela legal desnecessária:

> O caput do art. 312 menciona poder a inovação ocorrer na pendência de procedimento policial preparatório, durante inquérito ou processo criminal. Ora, o que pode haver antes do procedimento preparatório? Cremos que nada. Tomando conhecimento da prática da infração penal, mesmo que ainda não instaurado o inquérito, o procedimento policial preparatório tem início. Logo, não nos parece que deva existir algo antes disso.[92]

21.4 Elemento Subjetivo

É o dolo. Não há previsão da forma culposa. Exige-se o elemento subjetivo do tipo consistente em induzir a erro o agente policial, o perito ou o juiz.

21.5 Consumação e Tentativa

Trata-se de crime formal, consumando-se quando o agente altera o estado de lugar, de coisa ou de pessoa, com o intuito de induzir a

---

[92] NUCCI, Guilherme de Souza. *Leis penais e processuais penais comentadas*. 8. ed. rev., atual. e ampl. Rio de Janeiro: Forense, 2014. v. 2. p. 2531. (*E-book*).

erro o agente policial, o perito ou o juiz, ainda que não consiga enganar essas autoridades.

Admite-se a tentativa na hipótese de o agente ser flagrado ao iniciar a fraude.

21.6 Ação Penal e Benefícios da Lei nº 9.099/95

A ação penal é pública incondicionada.

Trata-se de infração de menor potencial ofensivo, pois a pena máxima é inferior a 02 (dois) anos. Por essa razão, admite-se a transação penal.

É possível a suspensão condicional do processo, tendo em vista que a pena mínima é inferior a 01 (um) ano.

CAPÍTULO 22

PENAS SUBSTITUTIVAS

Art. 312-A. Para os crimes relacionados nos arts. 302 a 312 deste Código, nas situações em que o juiz aplicar a substituição de pena privativa de liberdade por pena restritiva de direitos, esta deverá ser de prestação de serviço à comunidade ou a entidades públicas, em uma das seguintes atividades: (Incluído pela Lei nº 13.281, de 2016)

I – trabalho, aos fins de semana, em equipes de resgate dos corpos de bombeiros e em outras unidades móveis especializadas no atendimento a vítimas de trânsito; (Incluído pela Lei nº 13.281, de 2016)

II – trabalho em unidades de pronto-socorro de hospitais da rede pública que recebem vítimas de acidente de trânsito e politraumatizados; (Incluído pela Lei nº 13.281, de 2016)

III – trabalho em clínicas ou instituições especializadas na recuperação de acidentados de trânsito; (Incluído pela Lei nº 13.281, de 2016)

IV – outras atividades relacionadas ao resgate, atendimento e recuperação de vítimas de acidentes de trânsito. (Incluído pela Lei nº 13.281, de 2016) (Vigência)

O artigo 312-A do Código de Trânsito, incluído pela Lei nº 13.281/16, determina ao juiz que penas restritivas de direito devem ser aplicadas ao condutor que praticar os delitos relacionados nos artigos 302 a 312 do Código.

É importante mencionar que os crimes previstos no Código de Trânsito admitem a substituição da pena privativa de liberdade por restritiva de direitos, desde que preenchidos os requisitos do artigo 44 do Código Penal.

Além do mais, o artigo 43 do Código Penal elenca quais as cinco possíveis penas substitutivas existentes, sendo elas: 1ª) prestação pecuniária; 2ª) perda de bens e valores; 3ª) prestação de serviço à comunidade ou a entidades públicas; 4ª) interdição temporária de direitos; 5ª) limitação de fim de semana. Portanto, em regra, ao substituir a pena privativa de liberdade por restritiva de direitos, o juiz pode determinar qual dessas penas melhor se amolda ao caso concreto.

Contudo, no caso do Código de Trânsito, o artigo 312-A, incluído pela Lei nº 13.281/16, determina ao juiz que, quando substituir a pena privativa de liberdade por restritiva de direito, aplique obrigatoriamente ao condenado a *pena de prestação de serviço à comunidade ou a entidades públicas*, nos seguintes locais:

1º) trabalho, aos fins de semana, em equipes de resgate dos corpos de bombeiros e em outras unidades móveis especializadas no atendimento a vítimas de trânsito;

2º) trabalho em unidades de pronto-socorro de hospitais da rede pública que recebem vítimas de acidente de trânsito e politraumatizados;

3º) trabalho em clínicas ou instituições especializadas na recuperação de acidentados de trânsito; e

4º) outras atividades relacionadas ao resgate, ao atendimento e à recuperação de vítimas de acidentes de trânsito.

Note-se que todos os incisos do artigo 312-A mencionam locais que prestam socorro ou atendimento às vítimas de acidente de trânsito. O intuito do legislador foi conscientizar o infrator das consequências nefastas de condutas inadequadas no trânsito, colocando-o para prestar serviços em locais que prestam apoio e vivenciam o sofrimento das vítimas.

Márcio André Lopes Cavalcanti, com acerto, faz uma relevante ponderação em relação aos tipos penais que preveem penas restritivas de direitos diretamente no preceito secundário:

> Os crimes tipificados nos arts. 302, 303, 306, 307, 308 do CTB preveem, em seus preceitos secundários, que o condenado receberá uma pena restritiva de direitos, qual seja, a "suspensão ou proibição de se obter a permissão ou a habilitação para dirigir veículo automotor" (que é uma espécie de interdição temporária de direitos). (...) Essas penas restritivas de direito que estão previstas diretamente nestes artigos continuam

em vigor e deverão ser aplicadas cumulativamente com a prestação de serviços disciplinada pelo recém inserido art. 312-A do CTB.[93]

---

[93] CAVALCANTI, Márcio André Lopes. Lei 13.281/2016 e réus condenados a pena restritiva de direitos por crime de trânsito. *Dizer o direito*, 7 maio 2016. Disponível em: http://www.dizerodireito.com.br/2016/05/lei-132812016-e-reus-condenados-pena.html. Acesso em: 23 jul. 2019.

Esta obra foi composta em fonte Palatino Linotype, corpo 10
e impressa em papel Offset 75g (miolo) e Supremo 250g (capa)
pela Gráfica Laser Plus.